Hans [illegible]
1984

Hans Heinz Hahnl · Vergessene Literaten

Ein Österreich-Thema aus dem Bundesverlag

Hans Heinz Hahnl

Vergessene Literaten

Fünfzig österreichische Lebensschicksale

ÖBV

Österreichischer Bundesverlag · Wien

Diese Buchreihe ist Österreich gewidmet: Österreich mit seinen geistigen Kräften und Strömungen, Österreich mit seiner historischen und seiner kulturgeschichtlichen Bedeutung, Österreich mit seinen landschaftlichen Besonderheiten, seinen Persönlichkeiten und der so vielfältigen Wesensart seiner Bevölkerung. Vieles bietet sich an. Es soll nach und nach behandelt werden – anregend geschrieben und zugleich hohen Ansprüchen genügend.

Satz: Times 10/11 Punkt
Gedruckt auf holzfrei Offset 120 g
Druck: Wiener Verlag, Himberg bei Wien
ISBN 3-215-**05461**-2

Inhalt

Einleitung

Literatur ist nicht zuletzt der Zwang, das entschwindende Leben festzuhalten. Ein Verewigungsversuch, dessen Fragwürdigkeit sich darin erweist, daß der Autor selbst und mit ihm auch sein Beitrag zu diesem Sisyphuswerk vergessen wird.

Ich betätige mich hier als Schatzgräber, manchen mag es vorkommen als Miststierler der Literaturgeschichte. Wir leben nicht erst seit heute im Zeitalter der Reklamekultur. Sie spült Werke und Persönlichkeiten hinauf und stößt sie wieder herab. Sie verteilt die Erfolge und verantwortet nicht alle, aber viele Mißerfolge. Und sie mißt ihnen die knappe Dauer zu. Bücher werden heute noch rascher vergessen, neue Titel, neue Namen drängen sich vor, werden vorgeschoben. Der übliche Mechanismus. Manche meinen, die Zeit und das Vergessen, das sie verhängt, sei hart, aber gerecht. Das ist Unsinn. Mit dem Wertlosen wird das Wertvolle verdrängt. Das brutale Vergessen ist ebenso ungerecht wie die gezielte Überschätzung.

Aber ich benötige zu meiner Entdeckung verschollener Autoren keine Ideologie. Dieses Buch verdankt seine Entstehung einer lockeren Sendefolge, die ich seit vier Jahren mit Dr. Volkmar Parschalk, dem ich hier meinen Dank für die ideale Zusammenarbeit abstatte, in „Ex libris“ mache und, soweit es von mir abhängt, weiter zu machen gedenke. Ich wollte damit nichts beweisen, daß ich an Robert Müller, an Thaddäus Rittner oder Hans Kaltneker erinnerte. Mir kam es anfangs nicht einmal so sehr wie heute darauf an, zu zeigen, wie nachlässig Österreich mit seinem literarischen Erbe umgeht, ich wollte einfach einige österreichische Autoren, deren Bücher ich gesammelt hatte, die ich las, von deren Wert ich überzeugt war, einem an Literatur interessierten Hörerkreis vorstellen. Ich wollte sie aus der Trödelkiste der Antiquare und aus dem Anmerkungsteil der Literaturgeschichten, in denen sie bestenfalls ein Zeilendasein fristen, hervorholen. Mit der Zeit werden es wohl an die 80 Autoren geworden sein, von denen ich nicht alle in dieses Buch aufnehmen konnte.

Warum gerade *diese* Autoren? die Auswahl ist individuell, aber nicht willkürlich. Der Zufall hat hier ebenso mitgespielt wie die Vorliebe. Mir ist absolut klar, daß es hier noch Schätze zu heben gibt, die wichtiger sind als einige, die ich ausgegraben habe. Ich bin als Liebhaber, aber nicht ganz unsystematisch an meine Aufgabe herangegangen. Es ist vorgekommen, daß mein Interesse geweckt wurde, ich aber nicht an das Werk, an die Biographie der Autoren herangekommen bin. Anregungen sind erwünscht. Viele fehlen mir selbst: Rosa Mayreder, Marie Herzfeld, Ernst Goll, Ferdinand Kringsteiner, Sir Galahad (Bertha Eckstein). Ich bin auf ihrer Spur.

Es gibt auch eine *erfreuliche* Fehlliste. Auf ihr stehen jene lange verschollenen Autoren, die inzwischen überraschend entdeckt worden sind. Theodor Kramer war noch in meiner Sendefolge vertreten. Er ist heute kein Vergessener mehr. Jura Soyfer und Ernst Weiss sind wiederentdeckt worden, bevor ich sie noch einbeziehen konnte. Franz Nabl ist an der Reihe, wieder langsam vergessen zu werden. Joseph Roth, Robert Musil, Hermann Broch, Fritz von Herzmanovsky-Orlando, Ödön von Horvath sind von Vergessenen zu Klassikern avanciert. Der Literaturbetrieb verfährt dabei, wenn er jemand ans Herz drückt, ebenso extrem, wie wenn er einen verstößt. Manche Wiederentdeckte sind in dieser innigen Umarmung bereits erwürgt worden. Von Autoren, deren Meisterwerke Jahre, wenn nicht Jahrzehnte unbeachtet blieben, muß dann jeder beschriebene Papierwisch ausgegraben werden, von den Interpretationsorgien, die diese Wiederentdeckten unter sich begraben, gar nicht zu reden. Aber besser zu viel als zu wenig, wenn es auch auf Kosten der noch nicht Entdeckten geht.

Wer *vergessen* ist, das ist eine Frage der Differenzierung. Ich bin auch hier eigenmächtig, wenngleich nicht willkürlich verfahren.

Sind Ferdinand Kürnberger, Ferdinand von Saar, Albert Ehrenstein und Berthold Viertel vergessene Autoren? Ich kam zu dem Schluß, daß die literarisch Gebildeten ihnen einen halbwegs angemessenen Stellenwert zubilligen. Bei Joseph Misson habe ich lange gegrübelt. Ich halte den „Naz“, sein fragmentarisches Hexameterepos, nicht nur für eines der Schlüsselwerke unserer Mundartliteratur, sondern auch für ein den „Jahreszeiten“ von Donelaitis oder dem „Pan Tadeusz“ von Mickiewicz ebenbürtiges Dokument der literarischen Besinnung auf die regionale Herkunft. Mir schien er nicht vergessen. Vielleicht hatte ich unrecht, vielleicht lebt er nur zu intensiv in meinem persönlichen Literaturverständnis. Vielleicht gibt es dagegen jemand, der Alexander von Villers oder Jakob Haringer für wiederentdeckt hält, weil jüngst Auswahlausgaben von ihnen erschienen sind. Ich habe sie, nicht zuletzt aus Sympathie für ihr Werk, aufgenommen. Entdeckenswert erschienen mir vor allem Autoren, die Werke hinterlassen haben, die uns heute meiner Meinung nach noch etwas zu sagen haben. Das gelingt der Zwischenkriegsgeneration natürlich leichter als den Autoren des ausklingenden 19. Jahrhunderts. Die Achtundvierziger imponieren uns, einige Josephiner schockieren und überwältigen uns mit ihrem aufklärerischen Witz. Weil die liberale, die aufklärerische Tradition unserer Literatur so lange unterdrückt wurde, habe ich sie, wie ich nicht leugne, bevorzugt. Das Qualitätsprinzip habe ich nur selten mißachtet, und nur dann, wenn ich auf Autoren stieß, die ihre Zeit so typisch verkörpert haben, daß man sie, ohne eines ihrer Werke zu kennen, kennen muß, um unsere nationale Entwicklung zu begreifen. Und dann gibt es Autoren, deren Verständnis einen literarischen Mechanismus entlarvt, zu dessen Darstellung man sonst ganze Bücher gebraucht hätte. Ich habe mir auch in einem Fall einen Verriß erlaubt, als ich, anderen Entdeckern vertrauend, einen Autor zu entdecken glaubte, der, wie sich dann herausstellte, kein literarisches Meisterwerk, wohl aber eine zeittypische literarische Existenz zu bieten hatte.

Dieses Buch ist natürlich keine Literaturgeschichte, aber es versteht sich als ein Beitrag zur österreichischen Literatur-, ebenso wie zur österreichischen Kultur-, Sozial- und Sittengeschichte. Die Lebensschicksale der hier porträtierten Autoren übertreffen in ihrer Abenteuerlichkeit nicht selten die ausschweifendste Romanautorenphantasie. Daß dabei eine Typologie des österreichischen Autors entstand, war nicht beabsichtigt, es hat sich ergeben. Was waren sie? Revoluzzer, Beamte, Außenseiter, Emigranten. Man sagt, jedes Land oder jede Gesellschaft habe die Autoren, die es verdient. Diese Regel macht die Rechnung ohne die Autoren. Viele haben sich in Resignation der Reaktion angepaßt und dann auch mitgeheult, wenn es etwas zu heulen gab. Der Sonderling und der Revoluzzer waren das Markenzeichen nicht nur der österreichischen, sondern der europäischen Literatur zwischen Aufklärung und Sozialismus. Wir hatten nicht nur Ideologen, die Polizeispitzel geworden sind, wir haben im achtundvierziger Jahr die Revolutionäre exportiert und wir haben es zu einigen Skeptikern gebracht, die ihre Mutproben und Angstausbrüche zu der Existenz eines angepaßten Kritikers sublimiert haben. Das ist auch ohne Grillparzer, der bestimmt kein Benachteiligter ist, zu beweisen. Solchen literatur- und sozialgeschichtlichen Entwicklungen zuliebe habe ich gelegentlich einen Autor bevorzugt, der für uns Nachgeborene die Quintessenz einer Entwicklung darstellt. Die Schwerpunkte unserer Literatur sind auch die Schwerpunkte dieser Wiedererweckungsversuche an Vergessenen: Josephiner und Achtundvierziger. Dazu kommen auf der Strecke gebliebene Realisten, Jung-Wiener, Expressionisten und ein Übergewicht der vergessenen Zwischenkriegsgeneration, von der ein Großteil in die Emigration geschickt worden ist. Vergessene Verfolgte.

An Opfern fehlt es ja überhaupt nicht. Da sind die Opfer der ersten Reaktion, die den Hochflug des josephinischen Geistaufschwunges stoppte, zu denen nicht nur der zu einer Art Alpenkönig und Menschenfeind verbitterte Amand Berghofer, sondern auch der Farbverkehrer Haschka zählt, der es vom Freiheitsodendichter über den Kaiserhymnenverfasser bis zum Polizeispitzel brachte. Ihnen folgen die Opfer der Achtundvierzigerrevolution, die Selbstopferungen in der Restauration, die Opfer des ersten Weltkrieges und die Opfer Hitlers: Gefallene, Hingerichtete, Verjagte. Emigranten von Alfred Meißner bis Paula Ludwig.

Ich habe die Opfer nicht bewußt bevorzugt. Offenbar haben sie uns mehr zu sagen als die Angepaßten! Ich habe, dem Gleichgewicht der Geschlechter zuliebe, mich unter den dichtenden Wienerinnen des 19. Jahrhunderts umgesehen. Da gibt es eine reisende Amazone, Ida Pfeiffer, deren Unternehmungslust und Reisefieber weitaus ihre schriftstellerischen Qualitäten überstiegen, und da gibt es, in allen Literaturgeschichten vielgerühmt und noch in neuere Anthologien aufgenommen, die

Betty Paoli, eine für ihr persönliches Durchsetzungsvermögen bewundernswerte Emanzipierte, die wie George Sand ausgesehen hat, aber geschrieben hat wie Metternich, hätte er gedichtet und seelenvolle Literaturbriefe verzapft. Ich habe es dann in diesem Jahrhundert bei der Karoline Pichler und bei Ada Christen bewenden lassen, weil die Bertha Suttner und die Marie Ebner-Eschenbach, die ich für die bedeutendste erzählerische Potenz unserer Literatur einschließlich der Männer halte, nun wirklich keine vergessenen Autoren sind.

Bei allen literaturgeschichtlichen Gleichgewichtsübungen: Die Hauptsache waren und sind mir die Autoren und ihre Werke, ihr Standort und Stellenwert in ihrer Zeit, ihre Lebensschicksale. Das hat nur zum Teil mit Nostalgie zu tun. Aber ich gebe zu, daß es mich berührt, wenn eine Frau wie Karoline Pichler den Bogen von Mozart und Maria Theresia über die Achtundvierziger zu einer neuen sozialen und realistischen Literatur zieht, die sie nicht mehr verstehen kann. Was gibt es da für altösterreichische Schicksale! Einen Abt, der es begrüßt, wenn der Kaiser sein Kloster aufhebt, einen k. k. Justizminister, der in einem Roman fordert, daß Unternehmer und Arbeiter den Ertrag teilen, einen deutschen Böhmen, der Gerechtigkeit für den tschechischen Nationalheros Ottokar fordert, einen Zionisten, der für Gott, Kaiser und Vaterland fällt und dessen christliche Frau sich auf seinem Grab erschießt, zwei Tiroler Kraftlackel, die Gott in der Natur der Berge suchen und das Opfer dogmatischen Zukreuzekriechens werden.

Keine Absicht, aber kein Zufall ist es, daß, wenn wir das 20. Jahrhundert erreichen, viele Autoren den beiden damaligen wesentlichen geistigen Brennpunkten nahe gestanden sind, dem „Brenner“ und der „Fackel“. Georg Trakl und Karl Kraus fehlen, sie sind keine vergessenen Autoren, aber die Anziehungs- und die Abstoßungskraft dieser zwei Zeitschriften sollte deutlich geworden sein.

Das Buch versteht sich selbstverständlich als eine Anregung für die *Österreich-Bibliothek,* die nun seit Jahren gefordert, beraten und aufgeschoben wird, die aber einmal kommen wird, weil sie kommen muß. Daß wir so viele vergessene Autoren wiederzuentdecken haben, hat seinen Grund nicht nur in der Fülle der Begabungen, es hängt auch mit der durch die Verlagsmisere mitverursachten Eigenart unserer Literaturrezeption zusammen. Unsere Literatur hat zwei „Genieperioden“: Vor- und Nachmärz mit Grillparzer, Lenau, Stifter und dem Wiener Volkstheater der Raimund und Nestroy, und die Jahrhundertwende mit Sigmund Freud, Arthur Schnitzler, Hofmannsthal, Karl Kraus, Peter Altenberg und ihren Trabanten, von denen Rudolf Kassner, Richard Beer-Hofmann, Leopold Andrian bald einen Wiederentdecker nötig haben werden, und deren genialen Nutznießern und Vollendern Kafka und Musil, die heute im Zenith ihres Weltruhms stehen.

Es steht auch mit der Edition dieser Großen nicht zum Besten. Die historisch-kritischen Ausgaben von Nestroy, Stifter und Hofmannsthal sind unerschwinglich, aber hier gibt es neben den im Antiquariat greifbaren älteren Ausgaben neuere Editionen, zum Teil sogar im Taschenbuch. Alles andere aber existiert nicht. Weder die Josephiner noch die politische Literatur der Achtundvierziger oder, wenn wir von Anzengruber und Rosegger absehen, die Literatur der Restauration mit ihren diversen Strömungen, die ich hier mit dem Hinweis auf die Wiener Humoristen, auf die sozialistische Literaturpädagogin Emma Adler, auf die katholische Erneuerungsbewegung, auf die Entdeckung der Provinz durch Felder und die zur Unterhaltungsschriftstellerei überleitenden Erzähler David und Groller anzudeuten versucht habe.

Jedes Buch über Literatur stellt den Literaturbegriff in Frage. Wir haben heute einen außerordentlich eingeengten Literaturbegriff. Seine vorgebliche Ausweitung hat dazu geführt, daß Literatur nur mehr als Beleg für soziale Zustände, politische Entwicklungen und wirtschaftliche Mechanismen verstanden wird. Wer heute eine Literaturgeschichte aufschlägt, erfährt zwischen kultur- und sozialgeschichtlichen Aufrissen und sittengeschichtlichen Exkursen gelegentlich, daß auch Romane und Gedichte geschrieben worden sind, Theaterstücke, die diese Entwicklungen angetrieben, aufgehalten oder doch wenigstens beschrieben haben. Und da können die Werke der Literatur natürlich mit den Leitartikeln und Vertragstexten der Epoche nicht mithalten. Fazit: Als Folge des in zahlreichen literarischen Werken bekräftigten Zweifels an der Literatur eine völlig unsinnliche Literatur der Argumentation oder der Flucht in die Artistik des angeblichen Experimentes.

Ich habe das Glück, hier über Literatur zu schreiben, die

sich als Literatur versteht. Mir liegen die jungen Juden aus der tiefsten Provinz der Donaumonarchie am Herzen, die aus ihren Nestern, ihren Dialekten aufgebrochen sind, um deutsche Dichter zu werden. Die Literatur dieser Zeit hatte im Gegensatz zu unserer Literatur eine soziale Brisanz, sie konnte etwas bewirken. Frankls „Universität“ riß eine Stadt zum Aufstand, Ada Christens Gedichte erschütterten das bürgerliche Selbstbewußtsein und die soziale Selbstzufriedenheit einer Generation, Dallagos Meditationen eines Individualisten befreite die Jugend aus dogmatischen, sozialen und nationalen Zwängen. Wen wundert es, daß in Innsbruck eine Zeitschrift gegründet wurde, um seinen Gedanken zum Durchbruch zu verhelfen, und wen wundert es, daß der Freigeist schließlich dem Dogmatiker weichen mußte.

Das war eine Literatur, die aus dem Leben kam, die Leben festhalten und ins Leben wirken wollte. Ich spüre bei allen diesen 50 vergessenen und halbvergessenen Autoren den Eros der Literatur, der sich nicht zuletzt in seinen sozialen Zusammenhängen bewährt. Ich verstehe die Literatur nicht als Anhängsel der Sozialgeschichte, aber ich hoffe, gezeigt zu haben, wie viel mir an der Einbeziehung aller schriftlichen Äußerungen in die Literatur liegt, die dokumentarischen und vielfach literarischen Wert gewonnen haben. Ich beklage den mit der Renaissance einsetzenden Sündenfall, den wir bis heute nicht überwunden haben: die strenge Unterteilung in didaktische und schöne Literatur. Plötzlich war die Literatur nur mehr Leuten vorbehalten, die Gedichte, Epen, Dramen oder Romane geschrieben hatten. Nicht nur in der österreichischen Literatur gibt es Briefwechsel und Memoiren, die das Werk der Novellisten und Verseschmiede nicht nur an Information, sondern an literarischer Gestaltung weit hinter sich lassen. Die eleganteste Prosa des 19. Jahrhunderts hat in unserer Literatur der Playboy Villers und die körnigste und kraftvollste der bäuerliche Autodidakt Felder geschrieben. Zwei literarische Dilettanten. Auf meiner Wunschliste für eine Fortsetzung dieses Buches stehen die Österreicher, die diesen eingeengten Literaturbegriff erweitert haben, der Seelenforscher Ernst von Feuchterleben, der Orientalist Hammer-Purgstall, der patriotische Historiker Hormayer, der wortgewaltige christliche Streithansl Sebastian Brunner.

Ein Buch über Literatur und über Literaten, aber auch über Österreich und österreichische Schicksale, über die Dialektik zwischen Aufklärung und Tradition, über das heroische Unternehmen, mit der Feder nicht nur die Freiheit der Meinungsäußerung zu erläutern, sondern auch die Tabus der religiösen und sozialen Dogmen zu sprengen. Dabei waren mir die Randbemerkungen, die zu Vergleichen mit der Gegenwart verleiten, nicht selten ebenso wichtig wie die Werkanalysen.

Dieses Buch hat ein Literaturhistoriker und Journalist, ein Kritiker und Schriftsteller geschrieben, vor allem aber ist es das Buch eines passionierten Lesers für passionierte Leser, die, wie der Autor, mit der gebührenden Skepsis an die Literatur glauben.

Der Umfang der Beiträge ergab sich aus ihrer Entstehung aus einer Sendereihe. Es handelt sich hier nicht um Monographien, sondern um Miniaturen. Geplant war nicht Ausführlichkeit, sondern die Erregung von Aufmerksamkeit und Anteilnahme durch knappe Information.

Wie vergessen manche der in diesem Buch vorgestellten Literaten tatsächlich sind, zeigt sich u. a. daran, daß selbst die seriösesten Nachschlagwerke bei den Lebensdaten nicht immer übereinstimmen, so bei Johann Senn, Friedrich Kaiser, Ada Christen, Hermann Ungar, Elisabeth Janstein und Hans Kaltneker.

Anselm Edling

Geboren 1741 in Maria Saal
Gestorben 1794 in Göß

Die
Begebenheiten auf der Jagd
oder
über die Unschuld hält die ewige Vorsicht den Schild.
Eine komische Oper in drey Aufzügen,
von dem Verfasser des Kornets.
A. Ed — g.
Klagenfurt, bey Carl Walliser, 1789.

Das hat es wahrscheinlich auch nur im josephinischen Österreich gegeben, daß ein Priester die Aufhebung des Klosters, in dem er selbst Abt war, gutgeheißen hat. Anselm Edling war als Priester wie als Schriftsteller eine so ungewöhnliche Erscheinung, daß er wahrscheinlich gerade deshalb ignoriert wurde. Er ist rasch in Vergessenheit geraten. Nicht einmal Dr. Hann, der ihn in der Literaturgeschichte von Nagl, Zeidler, Castle um die Jahrhundertwende dieser Vergessenheit zu entreißen versuchte, wußte seine Lebensdaten anzugeben.

Anselm Edling war Abt des Kärntner Benediktinerklosters St. Paul, das von Kaiser Joseph II. aufgelassen worden ist. Im Gegensatz zu den meisten Geistlichen seiner Zeit war er ein so leidenschaftlicher Anhänger der josephinischen Reformen, daß er auch die Klosteraufhebung guthieß. Seine große Sorge war, diese Reformen auch in der Kirche durchzusetzen. „Nie wird Aufklärung über die Länder ihr wohltätiges Licht verbreiten, so lange die Wächter der Religion“ – er nennt sie gelegentlich auch „Bonzen“ oder „Menschenfleisch, in ein schwarzes Tuch gehüllt“ – „nicht selbst aufgeklärt sind!“ Der josephinische Priester hat die Aufgabe, gegen den Aberglauben anzukämpfen. Edling ging so weit, daß er die Ehe als bürgerlichen Kontrakt verstand, für den Zölibat trat er allerdings scharf ein. Die Pfarrersköchin ist ein Thema seiner bissigen Satire. „Primadonna des Kirchspiels“ nennt er sie. „O elende Notwendigkeit des Seelsorgers“, ruft er aus, „Dienstmägde unterhalten zu müssen!“ „Die Creaturen steigen in ihrer Impertinenz immer weiter. Das Vieh spielt seine Meisterrolle ruhig fort, erscheint in einer Kleidung, die am Lande Tracht heißt, schielt hochmütig auf jedes Pfarrkind herab und zeichnet sich mit Grobheiten gegen Bedrängte aus, die ihre Zuflucht im Hause des Hirten suchen.“

Hier büßt die Pfarrersköchin für die Frau. Das ist schon Antifeminismus, wie er bei Priestern seiner Zeit nicht selten war. Zu diesem Frauenhaß kam ein Puritanismus, der besser zum Josephinismus paßte, die aber beide seinem unter dem Schwulst und Wust des Stils seiner Zeit aufblitzenden Witz widersprachen.

Kärnten war Ende des 18. Jahrhunderts ein Zentrum des Josephinismus. Kaiser Josephs Schwester Marianne lebte in Klagenfurt. Edling wurde nach der Aufhebung des Klosters St. Paul ihr Beichtvater. Eine Rolle spielten auch Blumauers ausgedehnte Sommeraufenthalte in Kärnten, Blumauer hatte eine literarische Schule in Kärnten, Alxingers Gedichte wurden in Klagenfurt gedruckt. Auch Edlings literarisches Hauptwerk geht auf Blumauer zurück. Blumauer hat bekanntlich eine „Äneis“-Travestie geschrieben, ein damals vielgelesenes Werk, das noch bis in unser Jahrhundert aufgelegt worden ist. Edling hat diese Travestie noch einmal travestiert in Form einer witzigen Verteidigung.

Das 1792 erschienene Werk hat einen langen Titel in der Barocktradition, die in der österreichischen Aufklärung noch herumgespukt hat. „Blumauer bei den Göttern im Olympus über die Travestierung der Aeneis angeklagt oder Tagsatzung im Olympus, Virgilius Maro contra Blumauer in puncto Calefactae Aeneidos, herausgegeben von einem Prälaten.“ Es fängt so an:

Im himmlischen Elysium
Ging Maro einst spazieren;
Er wandte seinen Kopf nicht um,
Tat nichts als kalkulieren:
Wie viel er wohl in einer Nacht,
In Rom einst Verse hab’ gemacht,
Um Ruhm sich zu erwerben.
Ihm folgt als wie ein rascher Bach,
Der sich im Feld ergießet,
Ein Schwarm von jungen Dichtern nach,
Der seinen Fußtritt küsset.

In einem Wirtshaus trifft er einen verhungerten Wiener Literaten, der ihm die travestierte Aeneis von Blumauer mitgebracht hat. Virgil ladet den Literaten zum Essen ein. „Die Schinken sind röter als Blut und ganz mürbe.“

Und wißt ihr auch warum?
Die Schweine im Elysium,
die fressen nur Pignoli.

Als Virgil hört, daß ein Wiener seine „Aeneis“ lächerlich gemacht hat, nimmt er einen Jesuiten als Anwalt und beschließt zornentbrannt, Anklage bei Jupiter zu erheben. Im Olymp findet er erst Einlaß, als sie mit einem Gulden nachhelfen. Nachdem ihnen Junos Kammerkätzchen Amouröses von den Göttern erzählt haben, folgt ein Göttersouper bei Bacchus. Jupiter hat schon die Donnerkeile, die auf Wien geschleudert werden sollen, an einem Wachslicht angezündet, als Venus eingreift. Blumauer muß gehört werden. Merkur wird in den Prater geschickt. Es folgt auch ein Theaterbesuch in Wien, natürlich bei einem Blumauer-Stück. Die Offenbachiade erfährt ihren Höhepunkt, als durch eine Lesung von Blumauers „Bunten Liedern“ die Götter so gut unterhalten werden, daß der Freispruch lachend verkündet wird.

Die Anklage des Jesuiten gegen Blumauer hatte bereits alles vorgebracht, was gegen Pfaffen damals vorgebracht wurde:

Die Kapuziner schildert er
Als gefräßige Harpyen,
Und das Dominikanerheer
Wird blutig ausgeschrien
. . .
Roms hocherlauchter Curia
gibt er recht herbe Hiebe,
Sagt von dem heiligen Papa,
Daß er das Herrschen liebe,
Vom Fußkuß von St. Peters Thron,
Von der dreifach erhobnen Kron
Spricht er wie ein Erzketzer.

Daß Edlings Ansichten von anderen hohen Kärntner Geistlichen geteilt wurden, zeigt, daß der Fürstbischof von Lavant die Widmung der „Lehrsätze für angehende Seelsorger" angenommen hat. „Die Welt soll sehen, daß wir keine blinden Verehrer unseres Berufes sind, und daß es Männer unter uns gibt."

Es geht Edling immer um den idealen Priester, der ein Priester im josephinischen Geiste zu sein hat. Den „Priester, wie man ihn wünschen mag", hat er 1793 in einem Roman beschrieben. Der Held Isidor Selig hat alle Anfechtungen des Aberglaubens durchzumachen. Da ist eine Betschwester von Mutter, ein bornierter Beichtvater und ein „Kloster-Vicar", der „außer seinen Constitutionen und der Fähigkeit, einen passenden Küchenzettel zu einer Mahlzeit zu schreiben, nicht viel Wissen besaß". Aber das „josephinische Generalseminar" macht das alles wett. Isidor Selig wird zu einem Musterbild eines Geistlichen, nüchtern-puritanisch, aber der Dichtkunst zugeneigt. Das ist eine echt josephinische Utopie. Der ideale josephinische Priester ist der ideale, aufgeklärte Mensch.

Edling wird auch „Kornet", ein Nationalschauspiel für Kärnten von 1787, zugeschrieben. Der Wolfsberger Vizedom läßt den Kornet, einen Unteroffizier, aus Eifersucht überfallen, einkerkern und verhungern. Das ist wilder Sturm und Drang. „Wenn wir's nicht erleben", heißt es da, „so erleben's unsere Kinder, es wird eine Zeit kommen, wo die Bauern alle Herren erschlagen werden."

Amand Berghofer

Geboren 1745 in Grein
Gestorben 1825 in Graz

Amand Berghofer ist eine der originellsten und eigenwilligsten Gestalten nicht nur des oberösterreichischen Josephinismus. Eine philosophische Art von Alpenkönig und Menschenfeind, Menschenverächter, Obrigkeitskritiker und Einsiedler. In der großen österreichischen Literaturgeschichte von Nagl, Zeidler, Castle heißt es, sein wunderlicher Lebenslauf sei einer näheren Beleuchtung würdig. Es hat sich nur bis jetzt niemand zu dieser Beleuchtung aufgerafft. Berghofer, den Wieland immerhin mit Rousseau verglichen hat, wurde aus der österreichischen Literaturgeschichte ausgeklammert. Seine österreichischen Zeitgenossen haben dieser Haltung Vorschub geleistet. Die Biedermannchronik nannte ihn einen philosophischen Sonderling, dem es unstreitig besser gehen würde, wenn er von seinen etwas übertriebenen Grundsätzen hier und da abgehen wollte. Eine typisch österreichische Regelung. Für Gräffer war er ein „überspannter Philanthrop", der „wohl redlichen Willen hatte, aber ohne alle Prudenz und Besonnenheit. Naturmensch, Natursohn, wie er sich immer selbst fatierte, war er allerdings." Das sei jedoch nicht ausreichend, um ein philosophischer Schriftsteller zu sein. Und der Beckmesser beklagte seinen Mangel an wissenschaftlicher Grundlage. „Er war Denker, aber stets malcotent, sich selbst zu einer gewissen enragierten Humanität hinaufwirbelnd."

Mit einem Wort, die Österreicher, die Josephiner, die sich's gerichtet haben, sind vor so einem stürmischen Geist erschrokken.

Seine Kritik setzt bei seiner Heimat ein, einem an „Geist unfruchtbaren Landstrich", wie er schreibt. „Mit Büchern läuft man hier ebenso Gefahr als mit dem Schleichhandel des Tobaks."

„Ihr freundschaftlicher Briefwechsel", schreibt er an den, wie damals üblich, fiktiven Briefpartner, „ist itzt die einzige Geistesnahrung für mich. Von periodischen Schriften kömmt gerade nur das Schlechteste hierher. Einige Mönche halten die Wiener Realzeitung, weil sie darin die profanen Schriftgelehrten im Thierkampfe sich mit Koth besudeln sehen, und dadurch sich berechtigt glauben, die Aufklärung selbst als das Werk des Fleisches, wo nichts des Teufels zu verwerfen."

Natürlich hat er sich in der Provinz, er war Lehrer in Steyr, überhaupt nicht zurechtgefunden. „Als Bürger der Welt begehrte er, einen Platz in derselben einzunehmen und über das zu denken, was um ihn herum geschah." Das war auch im Josephinismus verboten. Am einfachsten war es, ihm unverdaute Halb- und Vielwisserei vorzuwerfen, den Mangel an wissenschaftlichen Grundlagen festzustellen.

Was er als Direktor der k. k. Hauptschule in Steyr erlebte, hat er in der Schrift „Schicksale eines Freundes der Wahrheit und der Natur" aufgeschrieben. Berghofer als Honoratiore, als Lehrer der Obrigkeit? Das konnte nicht gutgehen. „Die Schule des alleinseligmachenden Aberglaubens an Felbingers Methodenbuch hat mich ausgesandt, einem unwissenden Völklein die pädagogischen Scharlatanerien auszukramen. Gleich nach der Ankunft des Schulpersonals stieg ein Mönch auf die Kanzel und suchte das Volk aufzuhetzen ... Die Einwohner, vom Geiste der Jesuiten, die wir verdrängt haben, und vom Hasse gegen alle Neuerung besessen, locken ihre Hunde von uns, strafen ihre Kinder, die uns freundlich thun, wenn wir vorübergehen; und der Pöbel wirft Steine nach uns. Über alles dies wird die Zaubermethode durch das Gaukelspiel einer einzigen Prüfung triumphieren; und man ist voller Erwartung darüber, daß ich Lust hätte, wie jener, der auf der Bühne in einen Krug schlüpfen sollte – zu entwischen."

Sein nach Einsamkeit schmachtendes Gemüt „fühlte sich durch den ungezogenen Dekretenton im hölzernen Kanzleistil tief verletzt." Er meinte, „wenn er etliche Jahre normaliter praktiziere, müsse sein Kopf ex officio zur Maschine werden. Unser Manöver ist so streng und taktmäßig als das preußische. Wer einmal im Glied steht, als Direktor oder als Lehrer, der darf ohne Ordre keinen Schritt seitwärts tun".

Da er sich als literarischer Kopf dem Kanzleikopf nicht unterordnete, gab es zahlreiche Konflikte. Er kam sich vor als „Sklave vom Kopf bis zum Stiefel". Er gab sein Amt mit einem Gesuch auf, das nur folgenden Satz enthielt: „Exzellenzien und Gnaden: Ich bitte um die Erlaubnis, daß ich aufhören darf, zu sein Ihr gehorsamer Diener Amand Berghofer."

So etwas riskieren auch heute die wenigsten Schuldirektoren.

Amand Berghofer zog nach Baden und wurde dort ein echter Anninger-Einsiedler. Er ließ die Fenster an der Straßenfront seines Hauses zumauern, um die Badner nicht ansehen zu müssen und von ihnen nicht begafft werden zu können. Er hatte hier einige adelige Gönner und verkehrte auch mit dem damals noch empfindsamen jungen Schreyvogel. Nach neuen Jahren des Schulzwanges in Prag zog er sich nach Graz zurück, wo er 1825 starb.

Sein Werk besteht aus Fragmenten, Aphorismen, fingierten Briefen, Satiren. Berghofers Schriften, verminderte, verbesserte Auflage, erschien 1787 in Wien. Der Verfasser ließ sie mit der Entschuldigung erscheinen, daß er ehedem von seinen Schriften um die Hälfte zuviel herausgegeben hätte. Die Kritik hat ihm Hyperempfindsamkeit und hamletartigen Spleen nachgesagt.

Er war auch ein Vorläufer der Zivilisationskritik. Vom Berg

Gießhübl schrieb er: „Wie unglücklich sind die Menschen, seitdem sie die einfache Lebensart ihrer Voreltern verlassen haben und sich in Städten umsomehr hassen, je mehr sie sich zusammendrängen.“ Oder eine andere Stelle: „Ich habe meine Informatorstelle verlassen, weil sie zu einträglich war. Ich war nicht im Stande, das Wohlleben nach hiesigem Geschmacke länger auszuhalten.“

Wenn er unter „Todtenacker“ schreibt: „Hier ist also jener unfruchtbare Acker, wo der Samen unzählige Geschlechter erstickt und Menschen ins vorige Nichts zurückfaulen“, denkt man an Nestroy. Als politischer Satiriker hat er ein kleines Fürstentum „Nuassar“ erfunden, „von Staatskörper eine Mißgeburt, deren zwergenartiger Rumpf von einem riesenmäßig eminierenden Operhaupt erdrückt wird. Dort gibt es unter dem Titel Exzellenzen unendlich viel Taugenichtse und gnädige Herren, die ein unbarmherziges Blutgericht halten zum Besten des Wildes, welches vom Hofe das Privilegium hat, den dürftigen Landfamilien die Nahrung von den Feldern wegzufressen“.

Wenn einer, dann wäre Amand Berghofer einer Entdekkung wert. Er ist einer der raren rabiaten Österreicher. Ein Freund der Wahrheit und der Natur, wie er sich in einem Buchtitel apostrophiert, ein brillanter Satiriker, ein unerschrockener Untertan, wie auch der Josephinismus nur wenige hervorgebracht hat. Er nennt sich selbst einen Weltbürger, preist seine Liebe zum Landleben und zur Einsamkeit und erhebt die Mäßigkeit zu seiner Lieblingsheiligen.

Berghofer ist zu entdecken. Ich plädiere für einen eigenen Berghofer-Band in der Bibliothek österreichischer Literatur, wenn sie endlich einmal erscheint.

Lorenz Leopold Haschka

Geboren 1749 in Wien
Gestorben 1827 in Wien

An der Geburt der ersten österreichischen Hymne waren drei Männer beteiligt. Wir kennen nur mehr Haydn. Die zwei anderen sind vergessen, der Graf Saurau, der die Idee hatte, die nachlassende Verehrung des Kaiserhauses durch ein Lied zu stärken, ebenso wie der Textdichter Lorenz Leopold Haschka, von dessen Fassung allerdings auch in der Monarchie nur mehr das „Gott erhalte" übrig geblieben ist, zwei Wörter also, aber vielleicht doch die entscheidenden, auch wenn sie, wofür manches spricht, nur eine Übersetzung des „God save the king" sind.

Wer war nun dieser Haschka, der ausersehen wurde, als Partner Haydns die Volkshymne zu schaffen? Er war Jesuit, Josephiner, Antiklerikaler, Patriot, Reaktionär und möglicherweise auch Polizeispitzel: ein österreichischer Vormärzliterat. Jemand hat einmal die österreichischen Literaten in die Revoluzzer, die Beamten und die Hungerleider eingeteilt. Haschka war alles. Er hat sich ein Leben lang angepaßt, an die Revolution ebenso wie an die Reaktion. Der unangenehme Typ der Beamtenschriftsteller, die zuerst schreiben, um ein Amt zu erhalten, und dann, um es zu behalten. Der Dichter Haschka ist mit Recht vergessen, der Typ Haschka lebt.

Mit der Hymne hat er sich sein Amt ersungen, ein bescheidenes Amt, Kustos der Universitätsbibliothek und Ästhetiklehrer am Theresianum. Der österreichische Staat bezahlt seine Lakaien, aber mit kleiner Münze.

Haschkas Diktion zeigt der Widmungsvierzeiler der Hymne an seine Exzellenz, den Grafen Saurau, von dem Haschka gar nicht so lange vorher wegen eines unliebsam aufgefallenen Gedichtes auf ausdrücklichen Befehl Kaiser Josephs beamtshandelt worden war: „Wie an dem Ölbaum hinauf ein schwaches Rebchen sich schlinget, schlinget an Deiner Gunst, Saurau, dieses Liedchen sich auf. Trag es empor! Vielleicht, daß von Seinem Ansehn empfohlen, dennoch ein Beerchen davon unserem Augustus beliebt!"

Haschka ist 1749 als Beamtensohn geboren. Sein Vater war Kanzleiexpedient bei der Stadt Wien, Lorenz Leopold wurde als das älteste von fünf Kindern dem geistlichen Stand gewidmet. Er trat bei den Jesuiten ein. Der Jesuitenorden wurde 1773 aufgehoben, bevor Haschka noch seine Ordensprofeß abgelegt hatte. Er gab sich aber vorerst noch fromm, „durch Besuchung der Hofkirche und durch die Gunst einer Kammerdienerin der frommen Kaiserin", worauf wir noch zurückkommen werden. Kurze Zeit gab er auch, was unter Wiener Literaten damals üblich war, eine Wochenschrift heraus. Und er begann zu dichten, natürlich im Bardenstil. Klopstock hatte nirgendwo so viele Anhänger wie im katholischen Österreich gewonnen. Als er längst in seiner Heimat im literarischen Abseits war, feierten die österreichischen Dichter noch die alten Germanen in langatmigen Oden. Die Bardenschule mit Michael Denis an der Spitze war in Österreich wohlgelitten, sie entsprach der frömmelnden theresianischen Zeit und wandte sich, was den Zensoren das Wichtigste war, aus der Gegenwart ab in eine ferne germanische Vergangenheit, die sentimental idyllisiert wurde. Als der Barde Haschka seine Leier zu schlagen begann, war das längst zur eitlen Kostümspielerei entartet.

Haschka verstand es, seine literarische mit einer gesellschaftlichen Rolle zu verknüpfen. Er wurde so etwas wie ein literarischer Berater und maître de plaisir im Salon Greiner, den die ehemalige Lieblingskammerdienerin der Kaiserin Maria Theresia hielt. Ihre Tochter war die bekannte Schriftstellerin Karoline Pichler. Haschka machte nicht nur den schöngeistigen Sekretär im Salon des Hofrates Greiner, er nahm auch gleich Quartier im Hause, und, wie nicht ohne Wahrscheinlichkeit von bösen Zungen behauptet wurde, auch im Bett der als „deutsche Sappho“ apostrophierten Hofrätin.

Durch die Vermittlung der Hofrätin Greiner lernte er auch seinen Freund Alxinger kennen, den er im „deutschen poetischen“ Stil unterrichtete. Alxinger, der als Bardendichter eine bescheidene Existenz im Kleingedruckten der österreichischen Literaturgeschichte fristet, war wohlhabend. Als er majorenn wurde, schenkte er von seiner Erbschaft Haschka 10.000 Gulden. Das Geld soll Haschka in einer für einen Aufklärer und Barden nicht eben würdigen Weise, nämlich im Sklavenhandel, verloren haben. Durch den Hofrat Greiner wurden Alxinger und Haschka Freimaurer. Haschkas Umschwung kündigt sich an. Er wurde Josephiner.

Kaiser Joseph und die Literaten – das ist ein eigenes Kapitel, in dem Haschka eine durchaus typische Rolle gespielt hat. Die Literaten hatten sich zu viel erhofft, nicht zuletzt für ihre Kasse und Karriere. Dem Kaiser aber waren sozialpolitische Reformen zur Hebung der Volksbildung wichtiger als die Besoldung der Literaten. Man war rasch voneinander enttäuscht. Der Kaiser wollte sich vor allem auch von den Literaten nicht in seiner Politik stören lassen. So hatte Haschka in antiklerikalem Übereifer in seiner „Ode an Joseph den Zweyten, gesungen im Ostermonde 1782“, zu einer Zeit den Papst attackiert, als der Kaiser in wichtigen Unterhandlungen mit dem Papst stand und ihn als Gast empfing. Endgültig verscherzte es sich Haschka mit dem Kaiser durch die Ode „Die Könige“, in der er die rhetorische Frage „Kann ein König auch gut sein?“ verneinte.

Ein in Österreich damals streng verbotenes Buch behauptete, daß Haschka sich bereits unter Leopold II. als Spitzel von der Geheimpolizei habe anwerben lassen: „Als Leopold den

Thron bestieg, suchte Haschka seine zerrütteten Glücksumstände dadurch zu verbessern, daß er die Partey der Aufklärung verließ, zur Fahne des Obscurantismus schwor und sich als Spion von der geheimen Polizei besolden ließ."

Haschka war noch immer „ohne Kondition", wie es in den Akten hieß. Er lebte von der Pension der Mutter. Nach ihrem Tod brauchte er dringend eine Stellung. Also mußte er auf die Seite der Regierung wechseln. Er verdammt nun in seinen Versen die Revolution, begrüßt devot die Geburt des Thronfolgers, bereitet aber auch hier wieder seinen Auftraggebern durch Übertreibungen Ungelegenheiten. Seine Preußenbeschimpfungen führten zu einer diplomatischen Intervention. Und an diesen Mann, von dem ein Zeitgenosse sagte, „Alles ist ihm gleich, wenn er nur bezahlt wird", wandte man sich, als man eine Hymne als „einen gemeinsamen Ausdruck des Patriotismus für alle Völker Österreichs brauchte". „Sein Afterpatriotismus zeitigte ein österreichisches Nationalheiligtum", schrieb sein kritischer Biograph Gugitz. „Reaktionärer als die Reaktion feierte er die Feldherren, verherrlichte er die Siege und verharmloste die Niederlagen."

Langsam wurde es still um ihn. Für Fremde war er noch immer eine Sehenswürdigkeit im Salon der Karoline Pichler. 1824 legte er sein Amt nieder, das er einmal „Schulmeister-Stelle und Hausknechts-Dienste" genannt hat. 1827 ist er gestorben. Im Nachlaß fanden sich die Werke Kants und des Marquis de Sade sowie 20 Gilets. Ein Paket mit Freimaurerschriften wurde von der Polizei beschlagnahmt.

Über Haschka hat die Nachwelt den Stab gebrochen. Aber die Verdammung trifft vor allem die Zeit, die einen Haschka hervorgebracht, ja geradezu gefordert hat. Unter der berüchtigten nachjosephinischen Zensur als freier Schriftsteller zu leben, war ein trauriges Schicksal. Haschka war nicht der einzige Josephiner, der sich wandelte oder zumindest resignierte. Das Resümee, das Gugitz über Haschka zieht, klingt hart: „Er hatte sich jedesmal der herrschenden Linie angeschlossen. Unter Maria Theresia war er der frömmelnde und moralisierende Barde, unter Joseph II. kokettierte er als atheistischer, schöngeistiger Abbé mit revolutionären Allüren, um schließlich als patriotischer Tartuffe unter der franziszeischen Reaktion zu enden."

Johann Pezzl

Geboren 1756 in Mallersdorf in Niederbayern
Gestorben 1823 in Wien

Der Vorwurf an die Jakobiner, daß ihnen die Wandlung von der Freiheitsbegeisterung zur Servilität allzu leicht gefallen sei, daß sie sich den Umständen zynisch anzupassen verstanden, trifft auch Johann Pezzl. Dem „deutschen Voltaire“ und Los-von-Rom-Kämpfer wurden, als er als k. k. Rath und Subdirektor der Geheimen Kabinets Kanzley starb, drei heilige Messen zum Seelenheil gelesen. Aber da war aus dem Stürmer und Dränger der Aufklärung längst ein stiller Topograph seiner neuen Heimat Wien geworden. Sein Biograph Karl Glossy zieht 1905 ein melancholisches Fazit nicht nur des Pezzlschen Lebens und Wirkens, sondern auch des österreichischen Literaturverständnisses: „Während Pezzl seinerzeit hauptsächlich in seinen antirömischen Tendenzschriften bedeutend erschien, ist nun dieser Teil seines Schaffens von dem größeren Publikum vollkommen vergessen, von den Kennern wenig geschätzt, indessen seine kulturgeschichtlichen und topographischen Arbeiten über Wien, die die Resignation seines Lebens ausdrükken, noch heute ihren Anwert finden. Nicht dem Vorkämpfer des Josephinismus, sondern dem beschaulichen Genießer einer alten Kultur sind die Lorbeeren zugefallen, für die österreichische Literaturgeschichte sicher ein charakteristisches Zeichen."

Pezzl ist ein gebürtiger Bayer, er ist im Schatten eines Klosters aufgewachsen. Sein Vater war Klosterbäcker, er hat die Klosterschule besucht, das Lyzeum in Freising, und war dazu bestimmt, in den Benediktinerorden einzutreten. Wie und warum er das Noviziat verlassen hat, darüber herrscht Uneinigkeit bei den wenigen Historikern, die sich für ihn interessiert haben. Der Haß auf den Klerikalismus wurde aber zweifellos durch eigene Klostererfahrungen geweckt und genährt. 1776 immatrikulierte Pezzl in Salzburg, der Benediktineruniversität, die damals eine Hochburg der Aufklärung war. 1780 erschien in Zürich das Werk, das ihm ersten Ruhm eintrug: der erste Band der „Briefe aus dem Noviziat an einen Freund", eine wütende Attacke gegen das Klosterleben. Wir finden Pezzl dann in Zürich, wo er drei Jahre lang eine umfangreiche publizistische Tätigkeit im Dienste der Aufklärung entfaltet. Hier schrieb er auch das Buch, das einer der meistgelesenen Romane der Zeit wurde: „Faustin". Es ist natürlich kein Faust, sondern ein Epigone von Voltaires „Candide". Faustin sucht nicht Erlösung, sondern Aufklärung. Die übliche Bildungsreise wird bei ihm zu einer Aufklärungsreise. Er findet aber überall nur kirchliche Intoleranz und philosophische Unfreiheit. Ein deutscher Duodezfürst verkauft ihn schließlich als Soldat übers Meer. Aber auch bei den Protestanten stößt er auf dieselbe Misere. Gibt es einen Ort der Vernunft, einen Platz, wo die Philosophie über den Aberglauben siegt? Es gibt ihn. Das Wien des Kaisers Joseph II. ist der einzige Platz auf der Welt, an dem man leben kann.

Und Pezzl macht es seinem Romanhelden gleich. Er zieht 1784 nach Wien. Die Enttäuschung stellt sich rasch ein. In der Nähe betrachtet, nehmen sich die Verhältnisse doch ein wenig anders aus. Pezzl reagiert darauf mit den „Marokkanischen

Briefen". Eine marokkanische Gesandtschaft, die sich damals in Wien befand und die Gemüter bewegte, bot den Anknüpfungspunkt an die literarische Praxis, einem naiven Ausländer die Kritik über die eigenen Zustände in den Mund zu legen. Der Marokkaner wundert sich in den Briefen nach Hause, was da für Wesens mit Dingen gemacht werde, die in Marokko doch ganz selbstverständlich seien. Das literarische Vorbild war diesmal Montesquieu mit seinen „Persischen Briefen".

Aber die prekäre Lage Pezzls hat sich, wie es heißt, dank der Freimaurerprotektion, inzwischen zum Besseren gewendet. Er wird Bibliothekar und Vorleser beim Fürsten Kaunitz. „Bald fühlte er sich nicht anders wie ein Wiener selbst", heißt es über ihn. Er verkehrt im Greinerschen Salon. Karoline Pichler, die Tochter des Hauses, beschreibt ihn als einen „kleinen Mann von gedrungenem Wuchse, ziemlich alltäglichem Aussehen, wenn man bloß sein Äußeres betrachtete, aber voll Geist, Leben und Kenntnissen". Die Broschüre „Über Wiens Autoren" von 1785 sagte über ihn: „Seine literarischen Produkte machen viel Aufsehen, verdienens und werdens immer verdienen. Wie verschlang man nicht seinen Faustin; seine Briefe aus dem Noviziat und seine Marokkanischen Briefe – wie schätzt man nicht seine vortrefflichen Übersetzungen aus dem Englischen, wie sehr dankt man ihm nicht für die Reisen durch Bayern – ja, wohl dankt man ihm, und er, wie bescheiden, wie wenig aufgelegt, Lobsprüche anzuhören! So sollten alle unsere Schriftsteller sein und man würde sie auch als Menschen schätzen lernen."

Zurückhaltend war er nach allgemeinem Zeugnis immer. Zurückhaltend wurde er aber jetzt auch als Autor. Hatte ihn seine „Reise durch den Baierschen Kreis" 1784 noch als witzigen Kritiker klerikaler Übelstände gezeigt, wiesen ihn „Abdul Erzerum's neue persische Briefe" bereits als Kritiker an der Aufklärung aus. Von den Illusionen war nichts mehr geblieben. Nicht zuletzt durch den Einfluß des vorsichtigen Diplomaten Kaunitz. Pezzls Kritik am Josephinismus klingt nicht nur bitter, sondern auch auffallend kalt, ja hochmütig. Gugitz erscheint Pezzl in diesem Buch als ein Vorläufer Nietzsches. Am Josephinismus sieht er nur mehr die Schattenseiten. Aufklärung? Ein Werkzeug hungriger Skribenten. Die Ideale findet er in den Händen literarischer Glücksritter verkommen. Nichts als Phrasen. Das Rezept gegen diesen Verfall? Der Krieg.

Er schreibt noch einige Bücher, verwässernde Fortsetzungen, aber Erfolg hat er erst wieder mit der „Skizze von Wien", dieser gemütlichen Wien-Schilderung mit sanft gestimmter milder Satire. Das erste Heft erscheint 1786. Die „Skizze von Wien" findet bis heute Leser und gilt, wenn auch der Autor vergessen ist, als Quellenwerk zur Kulturgeschichte des josephinischen Wien. Der Revoluzzer Pezzl ist zum Ahnherren des humoristischen Wiener Feuilletons und der Lokalskizze geworden.

1805 gibt es neue Skizzen von Wien, und der inzwischen Beamter gewordene Pezzl betreibt Literatur nur mehr als Nebenerwerb. Er flüchtet in die Topographie und in die Lokalgeschichte. Einige meinten, er sei nur geworden, was er immer war: ein philiströser Biedermann. Er schreibt Reiseführer, eine gehässige Joseph- und eine patriotische Laudon-Biographie und verdient damit eine Menge Geld.

Die „Skizze von Wien" ist 1923 in einem Neudruck erschienen und längst ein Desideratum der Viennensia-Sammler, die „Reise durch den Baierschen Kreis" kam 1973 in einer Bavaria-Reihe als Faksimiledruck heraus. Die Literaturwissenschaft hat ihn verdrängt. Goedecke reihte ihn in seinem Grundriß unter die „Räuberromanschriftsteller" ein. Die Treue hat ihm der Josephiner Franz Gräffer gehalten, er stellte Pezzl „in Geist, Anmut, Zauber, Schärfe und Leichtigkeit über Voltaire". Gugitz hält ihn für einen brillanten Journalisten. Er meinte, das Unglück der Josephiner sei gewesen, daß sie ihr Talent nicht in der rechten Weise verwenden konnten.

Tatsächlich war Pezzl wohl vor allem ein liebenswürdiger Feuilletonist. Schon in „Faustin" haben, wie Kritiker vermuteten, die in die philosophische Reise hineinverwobenen Anekdoten die Leser mehr angezogen als die Tendenz. Er hat es nie verachtet, seine Leser zu unterhalten. In seinem Wien-Buch hat er fast ein Wien-Klischee mitbegründet: indem er „mit lachendem Munde auch die Fehler der Wiener notwendig aus der Tradition, dem Himmelsstrich und den sozialen Verhältnissen, mit denen man nun einmal rechnen müßte, erklärte". Wie man ja unter den als gesinnungstüchtigen Pedanten verschrienen Josephinern, wenn man sich näher mit ihrem Werk befaßt, überhaupt mehr witzige Köpfe findet, als die Literaturgeschichte vermuten läßt.

Karoline Pichler

Geboren 1769 in Wien
Gestorben 1843 in Wien

Die Salons der emanzipierten Pariserinnen und der romantischen Berlinerinnen sind in die Literatur- und Kulturgeschichte eingegangen. Den Wiener Salon der Karoline Pichler hat selbst die Lokalgeschichte vergessen. Dabei war Karoline Pichler, zumindest in den beiden ersten Jahrzehnten des 19. Jahrhunderts, eine literarische Instanz in Wien.

Ihre Biographie ist interessanter als ihr sechzigbändiges Werk. Von ihren patriotischen Romanen, Theaterstücken und Gedichten ist nichts geblieben als ihre „Denkwürdigkeiten“, eine Autobiographie, die ein lebhaftes Zeitbild gibt, das der Herausgeber der schönen Georg Müller-Edition, Karl Emil Blümml, dem hier auch ein Gedenkblatt gewidmet sei, durch seine Anmerkungen noch interessanter gemacht hat. Bosheiten, welche die Karoline Pichler im Salon verteilt hat, gibt es hier allerdings nicht. Was geschrieben wurde, mußte stubenrein sein. Und man war natürlich schwarzgelb bis in die Knochen.

Das war sie ihrer Mutter schuldig. Diese war Vorleserin bei Kaiserin Maria Theresia und wurde mit einem Herrn Greiner verheiratet, den die Kaiserin 1771 geadelt hat. Papa von Greiner war Hofrat und geheimer Referent der Hofkanzlei. Er hat auch gedichtet und war von edelstem josephinischem Geist erfüllt. Da ist Karoline herangewachsen. Sie kannte Metastasio, Haydn, Mozart, van Swieten. Leon war der Hofmeister ihres Bruders, Haschka ihr Lehrer. Sonnenfels, Blumauer und Ratschky haben in ihrem Elternhaus verkehrt.

Das war im ersten Haus rechter Hand im Dorfe Hernals. Den Theresianern folgten die Josephiner. Die dritte Generation, die Romantiker, kehrte dann schon in den Pichlerschen Salon in der Alserstraße ein. Hormayr, der österreichische Plutarch, spielte hier eine Rolle. Zu ihren Getreuesten gehörten die patriotischen Brüder Collin. Die Romantik drang hier aber im Sinne der Restauration ein. Man war fromm im Hause Pichler. Napoleon? Karoline wünscht, daß „doch ein Tiroler Scharfschütze einen Tellschuß auf diesen Geßler tun möchte.“

Hier hat 1817 Schreyvogel Grillparzer eingeführt. Friedrich Schlegel und seine Frau Dorothea, die Tochter Mendelssohns, machten hier halt. Zacharias Werner war oft zu Gast, wenngleich seine fanatische Frömmigkeit Karoline, in der noch immer etwas vom josephinischen Geist ihres Vaters und ihrer Jugendzeit lebendig war, eher verwirrt hat. Das drückt sich noch in ihren Ansprüchen aus, als sie auf der Suche nach einem Beichtvater war. Sie wünschte, „einen überlegenen Geist zu finden, der in wissenschaftlicher Tiefe mir voranginge, in moralischer würdig und rein vor mir stünde, und in religiöser weder durch krasse Mönchsbegriffe meinen Verstand noch durch modernen Rationalismus mein wahres Gefühl verletze“.

Der Schwede Atterbom ließ sich bei seinem Wien-Besuch den Salon Pichler nicht entgehen und stellte ein wenig ironisch fest, die Sehenswürdigkeiten der Stadt, die man gesehen haben müsse, seien „die Pichler und der Stephansdom“.

In den „Denkwürdigkeiten“, ihrem letzten Werk, das erst ein Jahr nach ihrem Tode veröffentlicht wurde, erscheint sie ein wenig als Matrone. Man glaubt es aufs Wort, daß ihr Salon nichts Blaustrümpfisches, aber auch nichts Geistreich-Pikantes hatte. Er war wienerisch gemütlich. Sie war keine geniale Frau und sie spielte sie auch nicht, was an ihr anzog, war ihre fröhlich-heitere Geselligkeit, eine kulturelle Tradition ohne jede Feierlichkeit. Der Salon war, wie ein Spielgefährte ihrer Enkelkinder berichtet, „eines jener dämmernden, heimlichen Gemächer, die auf eine merkwürdige Weise moderne Eleganz mit altertümlicher Bequemlichkeit vereinen. In der Tat befanden sich hier einige Möbel, die, im strengsten Sinne des Wortes, nicht bloß der Facon nach Rokoko waren, und um welche manche Modedame die Besitzerin beneidet hätte."

Eine Sehenswürdigkeit war der auch von Grillparzer bewunderte und besungene Garten „voll Gebüsche, durch welche sich viele kleine, schmale Gänge schlängelten". Da gab es 2 Nußbäume, 7 Feigenbäume, 40 Obstbäume, 44 Weinstöcke, eine Linde, 26 Robinien, 40 Platanen und die zwei von Karoline geliebten Roßkastanien, in deren Schatten sie dichtete.

Wer in dieser Laube empfangen werden, im blauen Salon Tee trinken, Gedichte vorgelesen bekommen, vielleicht ein „Tanzerl" riskieren wollte, mußte zuerst das unbeleuchtete und ungepflasterte Glacis überqueren, „einen für viele nicht zu überschreitenden Ocean, dessen Stürmen und Fährlichkeiten sie sich im Winter kaum auszusetzen wagen, wenn nicht eine sehr lockende Unterhaltung sie dazu reizt und für die Beschwerlichkeiten einer solchen Fahrt entschädigt".

Die Wiener Dichter scheuten den Weg ebenso wenig wie prominente Besucher, zu denen als einer der treuesten Adam Öehlenschläger gehörte und natürlich der große Orientalist Hammer-Purgstall, wenn er in Wien war. Bei diesen Empfängen, bei denen nach dem Tee unausweichlich die Poesie folgte, kam die Hausfrau nicht selten mit der Schriftstellerin in Konflikt, wenn eine Lesung zu lange dauerte und inzwischen das vorbereitete Eis zerging.

Diese Wiener Gemütlichkeit mit Poesie und Religion, einst die Attraktion, ein Kulturfaktor Wiens, wurde, ohne daß die Greiners es gleich merkten, unmodern. Nur wenige Freunde hielten ihr die Treue. Die jungen Talente zog es anderswohin. Selbst Blümml findet es durchaus begreiflich, „daß Lenau und Bauernfeld an der althergebrachten Geselligkeit, wie sie im Hause Pichler herrschte, keinen Gefallen fanden, und auf

Nimmerwiedersehen verschwanden, denn sie waren jung und stürmend, Karoline Pichler aber alt und konservativ; für jene ging der Stern ihres Ruhmes auf, während der der Hausfrau niedersank. Zwei Welten, die sich nicht überbrücken ließen".

Karoline Pichler ist das nicht entgangen: „Auch Lenau gehört zu den Literatoren, die durchaus jeden Umgang fliehen und sich unter ähnlichen, oft etwas unfeinen Kameraden am wohlsten, weil am ungeniertesten fühlen . . . Daher ließ sich Herr von Niembsch bei uns mit Unwohlsein entschuldigen, obwohl ich recht gut wußte, daß er alle Tage im Kaffeehaus zu sehen war."

Das Kaffeehaus hatte den literarischen Salon abgelöst.

Ihre Werke, vaterländische und historisierende Dichtung, sind verschollen. Aber es war eine Literatur, die in ihrer Zeit ihre Wirkung getan hat. Wie sie als Kind die berühmten Gäste nachgeahmt hatte, was bereits dem zwölfjährigen Mädchen einen Platz im „Wienerischen Musenalmanach" eintrug, „so folgte sie zeitlebens den Spuren der Besten ihrer Zeit und wurde schließlich so schriftstellerisch und gesellschaftlich die Vermittlerin der höheren Geisteswerte an das Durchschnittspublikum. So erscheint sie als Vertreterin der Durchschnittsliteratur, wie sie die besseren Taschenbücher, Almanache und Albums pflegten".

Frauen waren die Leserinnen. Frauen, die sich nicht selten hinter Männernamen verbargen, begannen damals, für Frauen zu schreiben. Strickbeutelpoesie nannten das die Übelwollenden. Es ist typisch, daß ihr Werk, das die größte Beachtung fand und in das auch Goethe einen Blick machte, ein antikisierender Briefroman in Wielands damals als altmodisch empfundenem Stil war. „Agathokle" könnte man einen christlichen Tendenzroman nennen. Das Wien des Klemens Maria Hofbauer war der Hort der katholischen Renaissance.

Eine konservative Wienerin, deren jugendliche Begeisterung über Neues bald in das Verlangen übergegangen ist, Überliefertes zu bewahren. Schwer zu sagen, ob die Tatsache, daß in den Lebenserinnerungen dieser frommen Patriotin von der Zensur fleißig gestrichen worden ist und Metternich persönlich sich eingeschaltet hat, dem erhaltenen Freisinn der Karoline Pichler oder der finsteren Reaktion des österreichischen Vormärz zuzuschreiben ist.

Johann Senn

Geboren 1795 in Pfunds
Gestorben 1857 in Innsbruck

Ein Porträt Johann Senns zeigt einen vitalen Mann in Kaiserjägeruniform mit einem wilden Haarbusch. „Feurig und derb", die Charakterisierung seiner Dichtung, dürfte auf den ganzen Mann zutreffen. Der Tiroler Johann Senn ist wie viele österreichische Literaten des Vormärz das Opfer eines Polizeispitzels geworden. Sein Name ist vergessen, aber seine Texte leben in Schubert-Liedern und vor allem in dem Lied „Der rote Tiroler Adler" weiter.

Er war ein Landrichtersohn aus dem Oberinntal. Der Vater hat in Finstermünz gegen die Franzosen gekämpft, als Kampfgefährte Andreas Hofers. Während der Bayernherrschaft mußte der Vater seine Heimat verlassen und nach Wien gehen. Er wurde 1812 Kriminalrat beim Wiener Magistrat, bereits ein

Jahr später aber erstochen, wie man vermutete, von einem politischen Gegner. Der Vater war ein bekannter Demokrat, der Sohn stand ihm da nicht nach.

1815 fand der zwanzigjährige Student Johann Senn zum Schubert-Kreis. Schubert vertonte einige seiner Gedichte, „Selige Stunden“, das „Schwanenlied“. Aber hier begann seine Misere. Ein Spitzel zeigte Burschenschafter an. Der Name Senn fand sich im Notizbuch eines der Verhafteten. Grund genug, auch Senn hinter Gitter zu setzen, wo er 13 Monate verbrachte, bis er als Unschuldiger ausgewiesen und per Schub nach Tirol gebracht wurde. Der Richter fand, er sei ein Genie, aber ihm half das nicht viel. Er stand mit leerer Hand da. Er wurde Schreiber bei einem Innsbrucker Rechtsanwalt. Einen bescheidenen Posten als Fechtlehrer des Jugendbundes „Libera Germania“ verlor er, als dieser aufgehoben wurde. Er versuchte, sich mit Privatunterricht durchzuschlagen. Auch das wurde ihm behördlich verboten.

Ihm blieb nichts anderes übrig, als zu den Soldaten zu gehen. Die Rekruten für die Kaiserjäger wurden damals durch das Los gezogen. Der Ausgeloste konnte sich freikaufen, wenn er einen fand, der für ihn einsprang. Senn wurde für 600 Gulden für einen Italiener Soldat. Einstandsgeld hieß das. 1823 rückte er nach Trient ein. 360 Gulden mußte er den Gläubigern lassen. Von den restlichen 240 Gulden floß die Hälfte in die Regimentskasse. Er brachte es nach 6 Jahren zum Leutnant und machte den Carbonari-Feldzug mit. Aber 1823 mußte er aus gesundheitlichen Gründen den Abschied nehmen. Und stand wieder mit nichts da. Die Pension war zum Verhungern. Er wurde eine Art Winkeladvokat und schließlich ein einsamer Trinker. 1857 starb er verarmt im Militärkrankenhaus in Innsbruck. Eines der vielen Opfer des Vormärz.

1838 ist eine von der Zensur verstümmelte Sammlung seiner Gedichte erschienen. An seinem bornierten Zensor, dem Gubernialrat Jakob Probst, rächte er sich mit dem Sonett „Pluto“, das einer seiner Freunde zutreffend „wuchtig“ nannte. Wuchtig ist seine ganze Poesie. Er ist, wie „Der rote Tiroler Adler“ zeigt, ein Autor des kräftigen Ausdrucks. Ruhelos und leidenschaftlich, alles, nur kein Leisetreter. Trotz seiner schlimmen Erfahrungen hat er mit seiner Meinung über die Zustände nicht hinter dem Berg gehalten und seinem Ärger, wie einer seiner Kritiker anmerkte, „in übler Weise Luft gemacht". Adolf Pichler, sein literarischer Mentor, meinte einmal, seine Verse seien mit der Bärentatze skandiert. Aber gerade das fesselt uns heute, diese unverbrauchte Derbheit. Da ist nichts von der Süßholzraspelei, von den sentimentalen Phrasen in der Lyrik seiner Zeit. Was er davon gehalten hat, drückt sein Spottgedicht „Heines Tränengrund" aus. „Es ist zu toll, es ist zu bunt", dichtet er einmal, „zu denken wie ein Gott, zu leben wie ein Hund."

Vieles ist bis heute ungedruckt. Veröffentlicht wurden seine „Faustglossen", die er den zürnenden Goethomanen und den nicht zürnenden Manen Goethes widmete. Dann gibt es einen Zyklus „Napoleon und das Glück", den ein Zeitgenosse als bizarr bezeichnete. Und schließlich ist da der Sonettenkranz „Der Mundfluß" gegen den Klerikalen Giovanelli, der die Austreibung der protestantischen Zillertaler auf dem Gewissen hat. Die Literaturgeschichte hat Senn hoch angerechnet, daß er das Sonett mit Vorliebe handhabte und in Tirol sozusagen eingebürgert habe. Uns imponiert mehr, daß er diese im literischen Klischee erstickte Form mit aktueller Polemik belebt hat. Die Giovanelli in den Mund gelegten Sonette zirkulierten damals in Abschriften in Tirol. Sie sind eines der wuchtigsten und witzigsten Zeugnisse des österreichischen Antiklerikalismus:

Auf Geisteswerke laß ich giftgen Geifer,
Die Zillertaler spürten meinen Eifer.
Der Kaiser Franz war mir noch zu josephisch,
Die Klerisei ist mir zu wenig pfäffisch.
Der Papst auch ist mir nicht genug Papist
und Christus selbst mir fast zu wenig Christ.

Kraft hat auch sein Lied vom „roten Tiroler Adler":

Adler, Tiroler Adler!
Warum bist du so roth?
Ei nun, das macht, ich sitze
Am Firn der Ortlersspitze
Da ist's so sonnenroth.
Darum bin ich so roth.

Was ihm die Zeitgenossen nachsagten, spürt man noch heute: er ist in jeder Zeile echt und wahr, in der Erfindung selbständig und kräftig. „Gegen das Ende seines Lebens", schreibt die Literaturgeschichte von Nagl, Zeidler, Castle, „verstummte der Poet und Rufer im politischen Streit, er hatte keine Tränen mehr und ergab sich im Jammer über sein unverdientes Geschick der sorgenstillenden Rumflasche." Es ging ihm so schlecht, daß er seinen Freund Doblhoff, als dieser als Minister nach Innsbruck kam, nicht besuchen konnte, weil er keinen ganzen Schuh besaß.

Seine ganze Hoffnungslosigkeit hat er noch in einem ergreifenden Vers ausgedrückt:

Wo das Wort noch,
Das mich anspricht?
Wo der Klang noch,
Der mich anklingt?
Ich hab ausverlangt,
Ich hab ausverlangt.
Reiche, prächtige süße Welt?
Kannst dem Bettler nichts mehr geben.

1914 beklagte ein Literaturwissenschaftler, daß seine Gedichte längst vergriffen seien und eine Neuauflage erforderten. Diese Forderung gilt noch heute.

Eduard von Bauernfeld

Geboren 1802 in Wien
Gestorben 1890 in Wien

1905, fünfzehn Jahre nach seinem Tod, war Eduard von Bauernfeld, einst das Wahrzeichen der österreichischen Literatur, schon so vergessen, daß Stefan Hock, als er Bauernfelds gesammelte Aufsätze herausgab, die Leser mit Nostalgie ködern mußte: „Die Wiener Gesellschaft hat ihren alten Bauernfeld geliebt. Denn er hat ihr Wesen erfaßt wie wenige, er hat sie geschildert, gepriesen, wohl auch verspottet wie niemand sonst. In seinen Lustspielen hat er sie abkonterfeit mit ihren gröbsten und feinsten Konturen, mit ihren ewigen Vorzügen und Schwächen und mit den kleinsten Eigenheiten der jeweiligen Verhältnisse und Moden. Er hat sie belauscht im Salon und zu Hause, im politischen und literarischen Getriebe. Und er ist ihr Sprachrohr gewesen in bewegter Zeit, ihr Wecker und Warner, wenn sie schlief. Was er auf der Bühne laut verkündete, das zischelte er in seinen Satiren und Epigrammen, in graziösen und ironischen Versen, das flüsterte er bei festlichem Gelage der Nachbarin ins Ohr, das warf er als kühnes Witzwort in das Behagen des intimen Plauderabends, das klagte er raunzend und schimpfend seinen Freunden. Wahre Triumphe feiert da überall seine Begabung, soziale, politische, literarische Zustände sicher zu erfassen, geschickt zu schildern, boshaft zu bekritteln. Scharfblick und rascher Verstand, Leichtigkeit der Produktion und liebenswürdige Anmut der Sprache zeichnen ihn aus."

Eine treffende Charakterisierung, in der nachklingt, daß Bauernfeld der Autor war, in dem sich die Wiener wiedererkannten wie vor ihm und nach ihm in keinem anderen Künstler. Er hat sich selbst einmal einen Vorschimpfer genannt. Er war der Vorschimpfer der Wiener. Der vorsichtige Kritiker. Kein anderer hat sich so gut in die Dialektik kritischen Aufbegehrens und gefälliger Unterhaltung gefunden und darin eingerichtet.

Seine Zeitgenossen schätzten vor allem den Lustspieldichter. Er war der Hausdramatiker des Burgtheaters, das er Jahre hindurch mit behaglicher Gesellschaftskonversation, aber auch einer in das harmlose Lustspielschema verpackten Satire beliefert hat. Kotzebue stand Pate, Bauernfelds Stärke waren die nach der Natur gut durchgezeichneten Figuren und die bewunderten Ensembleszenen. Dem Schauspieler bleibt viel zu tun, gibt selbst ein Bauernfeld-Bewunderer zu, der in ihm einen Höhepunkt des deutschen Lustspieles sieht. Aber da war er bei den Konversationsschauspielern des alten Burgtheaters an der rechten Stelle. Die Burgtheatererfolge von Stücken wie „Leichtsinn aus Liebe", „Die Bekenntnisse", „Bürgerlich und romantisch" befreiten ihn von der gehaßten Beamtenfron. Wahrscheinlich sind sie für eine Wiedererweckung zu verstaubt. Wiewohl man einmal einen Verschnitt aus seinen behäbigen Gesellschaftsbildern und den politischen Satiren riskieren könnte.

Mit dem 19. Jahrhundert ist Bauernfeld fast identisch. 88 Jahre des Jahrhunderts, Vormärz, Revolution, Reaktion und noch die Industrialisierung, den Kulturkampf und den beginnenden Klassenkampf hat er miterlebt. Ein Leben lang war er Mittelpunkt literarischer Zirkel. Er hat mit Saphir polemisiert, mit Grillparzer geplaudert, zu den diversen Schubert-Zirkeln gehört, er hat die Zensur bekämpft, die Verräter der liberalen Idee verspottet und ist schließlich in der Villa der Baronin Wertheimstein sanft entschlafen.

Sein umfangreiches Werk ist zu großen Teilen mit seiner Zeit versunken. Aber vieles ist erinnernswert, beispielsweise seine Denkschrift über die gegenwärtigen Zustände der Zensur in Österreich von 1845. Da sind seine Erinnerungen aus „Alt- und Neu-Wien", 1923 zum letztenmal aufgelegt, die den ganzen Bereich dieser wienerischen Existenz beleuchten. Wie viele andere österreichische Dichter des Vor- und Nachmärz war er im Joch des Beamtenstandes, bei dessen Verdammung sogar ihn die Gemütlichkeit im Stich gelassen hat. Er hat für zwei eher dubiose Wiener Klassikerausgaben Shakespeare übersetzt. Seine Erinnerungen, keine fortlaufenden Memoiren, sondern Skizzen, die er an verschiedenen Orten veröffentlicht und dann gesammelt hat, gehörten längst wieder aufgelegt. Sie zeigen die Verbindung von politischer Courage und versöhnlichem Witz, die ihn zum Komödienautor prädestiniert hat.

Seine Zeitgenossen haben ihn denn auch den Wiener Aristophanes genannt. „Kann man", schrieb er 1840 in sein Tagebuch, „eine echte Komödie schreiben? Einen deutschen Aristophanes vertrüge weder Regierung noch Publikum." 1848 hat er ein Thema von Aristophanes aufgenommen. „Die Republik der Tiere" ist ein Spiegel der gescheiterten Achtundvierziger-Revolution, wobei er seinen Weitblick beweist, wenn er im April 1848 bereits die Militärherrschaft das Regiment der radikalen Republikaner ablösen sieht. Seine Ernüchterung und Enttäuschung vertraute er noch einem zweiten satirischen Stück an, das erst 1919 gedruckt wurde: „Die Elfen-Constitution". Wie in der „Republik der Tiere" drückt sich auch hier sein Mißtrauen gegenüber und sein Mißbehagen an allen politischen Parteiungen aus, aber die Hauptpfeile der Satire richten sich gegen die Reaktion. Das Elfenreich ist Österreich. Die Bäume tragen schwarzgelbe Früchte. Puck, in dem er den vom Linksradikalismus zur klerikalen Reaktion gewandelten Alexander Bach verhöhnt, ist der allmächtige Minister, der den schwachen König Oberon beherrscht. Wie fast in allen österreichischen politischen Satiren nicht nur Bauernfelds beschränkt sich der Angriff auf das Herrscherhaus darin, ihm Schwäche, allenfalls Blödheit vorzuhalten. Die Bösen sind die Politiker, die den guten Kaiser täuschen. Um die Ruhe und Ordnung wiederherzustellen, ruft Puck den fremden Zauberer Knutejewski-Karbatschewitsch und den Genius des Belagerungszustandes herbei. Die Elfen? „Mein Volk ist dumm", sagt Titania. „Wenn wir schreien, schreien sie es uns nach." Und als Puck zum schlimmen Ende „Gott erhalte Oberon" anstimmt, fallen die Elfen mit Vivat-Rufen ein. Der Kampf um die Freiheit ist vorüber. Es bleibt alles beim alten. Bauernfeld hat sein Mißbehagen an der politischen Situation am Schreibtisch abreagiert.

Politische Verantwortung hat er gescheut. Eine Wahl in den Reichsrat hatte er abgelehnt. Der Kritiker wurde unversehens zum politischen Zuschauer. „Wie soll ich auch?" fragte er in seinem Tagebuch. „Ich bin zum politischen Führer nicht geschaffen. Auch läuft mir das Herz mit dem Kopf davon." Hebbel hat das auch kritisiert: „Warum standen die Herren Grillparzer und Bauernfeld im Winkel und legten die Hände in den Schoß?" Die politischen Satiren Bauernfelds drücken nicht nur seine Enttäuschung über den Verlauf der Revolution, nicht nur die Empörung über Reaktion, sondern auch Skepsis gegenüber politischer Wirksamkeit und Entsetzen über den Mechanismus politischer Entwicklungen und der Gesetze der Macht aus.

Er ist auch hierin ein typischer Vertreter der österreichischen Literatur. Zum Abschluß möchte ich eines seiner kleinen politischen Gedichte zitieren, das zeigt, daß für ihn die österreichische Nationalitätenfrage auch eine soziale Frage war, aber auch beweist, wie rasch er die Kritik in Verbindlichkeit abgestumpft hat, in einen Witz, in einer Art Wiener Lied:

Für Ungar, Italiener, Deutsch-Österreicher, Kroat –
gibts nur ein Centralisieren: man mache sie alle satt.
Und dreht sich frisch der Bratspieß,
wir essen durch sogleich
uns viribus unitis
zum einigen Österreich.

Andreas Schumacher

Geboren 1803 in Wien
Gestorben 1868 in Wien

Das Ende eines Dichters.

Erzählung

von

Andreas Schumacher.

Wien, 1839.

In Commission bei Kaulfuß' Witwe und Kugler.

Andreas Schumacher war Ludwig Anzengrubers Vormund. Johann Anzengruber, der Vater Ludwig Anzengrubers, der sich selbst als Dramatiker versucht hat, ist 1844 gestorben. Andreas Schumacher, der sich für Johann Anzengrubers dramatische Versuche eingesetzt hatte, wurde zum Vormund bestellt. Aber bald stellte sich heraus, daß der Vormund selbst einen Helfer und Berater gebraucht hätte. Der Achtundvierziger Schumacher wurde zu zehn Jahren Kerker verurteilt. Zwei Jahre Eisenstrafe saß er in der Festung Kufstein ab.

Andreas Schumacher wurde 1803 in Wien als Sohn eines akademischen Malers geboren. Er besuchte das Schottengymnasium. Für das juristische Studium, Voraussetzung einer soliden Beamtenstelle und damit für den finanziellen Hintergrund eines Dichters, fehlte es an Geld. Zu seinen Freunden gehörten Bauernfeld und Feuchtersleben. Zacharias Werner hat den jungen Schumacher außerordentlich beeindruckt.

Er soll nicht besonders hübsch gewesen sein und auch nichts auf Kleidung gehalten haben. Die Schlamperei habe er, wie ein Zeitgenosse berichtete, bis zum höchsten Genie der Bärenhäuterei getrieben.

In die Literatur trat er als Übersetzer der berüchtigten Sollingerischen Klassikerausgabe ein. Sollinger, der mit Kalendern und juristischen Fachblättern Geld gemacht hatte, unternahm 1824 eine Klassikerausgabe. Das kostete im Zeitalter des Nachdruckes nicht viel. Die Übersetzungen von Schlegel, Tieck, Gries, die vorlagen, wurden übernommen, für die Werke, die bisher nicht oder nur unzulänglich übersetzt waren, engagierte er Studenten oder angehende Literaten um einen Hungerlohn. Neben Schumacher erwarben sich damals auch Bauernfeld, Seidl, Hermannsthal ihre ersten literarischen Sporen. Schumacher, außerordentlich sprachbegabt, beherrschte perfekt das Englische, Französische, Spanische und Portugiesische. Er übersetzte im Versmaß der Originale Calderons „Liebe, Macht und Ehre“, „Die Erhöhung zum Kreuz“ und „Der Arzt seiner Ehre“, der es sogar zu einer Burgtheateraufführung brachte, allerdings in einer Verballhornung Schreyvogels. Und als Bauernfeld, dem Shakespeare anvertraut worden war, des „Übersetzer-Robotts“ – überdrüssig wurde, übersetzte Schumacher auch Shakespeares Sonette und „Venus und Adonis“, übrigens hervorragend. Und das für 40 Gulden monatlich! Seine Shakespeare-Nachdichtung ist vielleicht das Werk, das am ehesten eine Wiederentdeckung verdienen würde. Die Ausgabe des weitgereisten Sollinger, der in Paris nicht nur das Druckergewerbe bei Didot, sondern auch neue Arten der Reklame gelernt hatte, war übrigens den Wienern in gedruckten Maueranschlägen angekündigt worden.

Schumacher, der inzwischen geheiratet hatte, lebte im publizistischen Frondienst. Er schrieb Erzählungen, Gedichte, Aufsätze, Rezensionen und übersetzte Scribe. 1833/34 gab er 6 Bändchen „Wiener Gesellschafter unter Mitwirkung der Herren Bauernfeld, Castelli, Fitzinger, Feuchtersleben, Vogl“ und anderer heraus, zu denen er selbst „Österreichische Märchen“ in der nach Anton Bettelheims Urteil meisterlich beherrschten

Mundart beitrug. Und er schrieb, wo es was zu verdienen gab. Schließlich hatte er durch seinen Jugendfreund Wilhelm von Chezy auch Beziehungen zu dessen vornehmer Mutter Helmine, einer Muse der österreichischen Romantik, die den ungekämmten und mit den Armen schlenkernden Schumacher einen „ungeschliffenen Demantstein" nannte. Mit einer Novelle über die Gründung des Stiftes Klosterneuburg gewann er sogar einen Preis des Vereins zur Verbreitung guter katholischer Bücher. Natürlich versuchte er, im Staatsdienst unterzuschlüpfen. In der Hoffnung auf die Stelle eines Registraturakzessisten bei der Vereinigten Hofkammer ließ er sich hier als unbesoldeter Registraturspraktikant aufnehmen. Aber es wurde nichts daraus. Da inzwischen drei Kinder da waren und die vielen Broschüren nichts einbrachten, mußte er froh sein, als Handlanger bei der Donaudampfschiffahrtsgesellschaft unterzukommen.

Wie sehr er im literarischen Leben Wiens verwurzelt war, bewies er mit der Herausgabe eines Musen-Almanachs, in dem kaum ein vormärzlicher Wiener Lyriker fehlte, und mit zwei Novellen-Almanachen, in denen er zwei Stifter-Erzählungen brachte. Stifters Urteil über Schumacher, daß sein bedeutendes Talent verworren geblieben sei, daß er über seine innere Welt nicht herrsche, sondern sich von seinem Feuer fortreißen lasse, versteht man, wenn man Schumachers damals selbstbewußt vorgetragenen Plan einer Faustiade liest, mit der er gegen Goethe antreten wollte.

Eine wichtige literarische Position übte er von 1844 bis 1848 als Leiter des Blattes „Die Gegenwart" aus, für die er wieder Stifter gewonnen und Ferdinand Kürnberger entdeckt hat. Wie schwer er es dabei hatte, hat er sich in einem erhalten gebliebenen Schriftstück von der Seele geschrieben: „Die Staatsverwaltung handhabt gegen die Presse in Österreich eine so strenge Zensur, daß es ganz unmöglich ist, überhaupt ein Journal in Österreich herauszugeben, viel weniger ein politisches. Wo soll eine politische Journalistik in einem Lande herkommen, wo es für gefährlich erachtet wird, wenn ein betrunkener Ortswächter getadelt werden soll? Bewegt eine Frage die Welt, so muß die österreichische Journalistik warten, bis sich die Staatskanzlei ausgesprochen hat."

Einmal, berichtet Bettelheim, hatte Schumacher den Mut, demonstrativ die politische Rubrik wegzulassen, eine Lücke, die von den Lesern wohl bemerkt und dem gequälten Herausgeber hoch angerechnet wurde. Noch deutlicher entlud sich Schumachers Groll im mündlichen Verkehr. Wilhelm von Chezy, der nach längerer Abwesenheit wieder einmal nach Wien kam, fand „jene unbehagliche Hast an ihm ausgeprägt, welche den Wienern jener Tage eigen war, als spürten sie schon Jahre vorher das Unwetter von 48 in ihren Gliedmaßen".

1848 wurde er vom revolutionären Schwung mitgerissen. Er verlangte Schwurgericht und Pressefreiheit, gab Flugschriften heraus und berief Handwerkerversammlungen ein. Was schon Stifter an ihm getadelt hatte, „das Übertreibende, das sich mitreißen lassen" wurde ihm zum Verhängnis. Chezy, sein konservativer Freund, berichtet, er habe sich unglücklicherweise als Aufhetzer des Proletariates bemerkbar gemacht. Wie ein Rasender sei er hin und her gelaufen und habe gerufen: „Die Ungarn kommen, zu den Waffen, Arbeiter!" Er wurde zu zehn Jahren Kerker verurteilt, von denen er zwei absitzen mußte. Dann wurde er begnadigt. Im Urteil wurde ihm vorgeworfen, er habe einen bewaffneten Gesellenverein errichtet, eine Schar der polnischen Legion angeworben und mit ihr im Augarten gegen die k. k. Truppen gekämpft.

Schumacher war durch die strenge Haft in seiner Gesundheit schwer geschädigt. Erst im Alter von 62 Jahren brachte er es zu der ersehnten subalternen Beamtenstelle. Er wurde zum provisorischen Kanzlisten mit 500 Gulden Gehalt und 100 Gulden Quartiergeld ernannt. Er mußte also weiter in der Schreibfron arbeiten. Er schrieb einen Semmeringführer und übersetzte zu einem Zeilenhonorar von einem halben Kreuzer bis zum letzten Lebenstage Romane aus dem Französischen und Englischen. Außerdem verfaßte er selbst historische Romane. Ein literarisches Sklavenleben.

Ein nach allgemeiner Ansicht hochbegabter Autor im Frondienst der Literatur, ein aufrechter Achtundvierziger, der mehr hätte leisten können, wenn ihm die Umstände günstiger gesinnt gewesen wären. Kürnberger zog das Fazit: „Eine reich und tief angelegte Dichternatur und eines der besten deutschen Herzen, welche am spanischen Systeme ihres hoffnungslos geliebten österreichischen Vaterlandes sich wund und tot zerlebt."

Ferdinand Sauter

Geboren 1804 in Werfen
Gestorben 1854 in Wien

Ferdinand Sauter lebt als verkommenes Genie in der literarischen Erinnerung. Ein österreichischer Bruder des Archipoeta, Villons, Bellmanns.

Ihm hat nicht nur die Mitwelt, ihm hat auch die Nachwelt bis heute übel mitgespielt. Die österreichische Literaturgeschichte hat ihn immer nur als Absteiger gesehen. Er ist als Gymnasiast, als Kommis, als Liebhaber, wie die böse Nachrede behauptet, und schließlich auch als Dichter gescheitert.

Wie die anderen Literaten im Wiener Vormärz fängt er sentimental an. Als Lenau-Epigone genoß er im Schubert-Kreis einigen Respekt. Johann Nepomuk Vogl war sein Gönner. Was hier schon auffällt, ist eine vorherrschende Melancholie, die im Gegensatz zu dem Wirtshausleben steht, das er früh aufnimmt.

Den Sauter, berichtet ein Zeitgenosse, trifft man kaum in seinen armseligen Quartieren an. Er ist immer mit den Freunderln unterwegs. Da gibt es die Voglsche Tafelrunde und einen literarischen Freundeskreis, in dem neben Stifter Stelzhamer den Ton angab. Aber schon hier galt er als ein gelittener Außenseiter. „Er wußte weder zur gehörigen Zeit zu kommen noch zur passenden Zeit zu gehen", hatte Stifters pedantische Frau an ihm auszusetzen. „Er fiel in die Stube wie hineingeschneit, seine Kleidung war meist in einer Weise defekt, welche ihn zu gymnastischen Künsten zwang, sollte er nicht in Gefahr kommen, unwillkürlich den Anstand auf das gröblichste zu verletzen. Kurz, seine Seele war das einzig Reine an ihm. Dazu sprach er mit einem Zynismus, der seinem Äußeren vollständig entsprach . . . Stifter . . . ergötzte sich an dem Widerspruch, daß ein Mann, der ganz im Dienste der Schönheit zu leben behauptete, so naiv häßlich sein konnte."

Aus dem 48er Jahr gibt es auch politische Gedichte von Sauter. Das alles bewegt sich im literarischen Rahmen, auch die Zerworfenheit mit der Welt und mit sich. Diesen literarischen Bildungsballast wirft er in den Wirtshäusern ab. Da kommt nun der wahre Sauter zum Vorschein, in den Dialektvierzeilern, in den Heurigenliedern, in den Schnadahüpfeln und Couplets, mit denen er bei den Heurigen seine Gäste unterhielt. Davon sind nur Fragmente erhalten. Sie waren zu zynisch, zu erotisch, als daß man sie gesammelt hätte. Augen- und Ohrenzeugen berichten, daß die Wiener Dialektzote, wie man das herabsetzend nannte, was man so gerne hörte, bei Sauter ihre klassische Vollendung gefunden hätte. Wir haben mehr Lobsprüche über diese Gelegenheitsdichtung als Verse erhalten. Eine Spezialität von Sauters Gelegenheitslyrik war, daß er seine bekannten Gedichte, das Gassenlied oder seine gereimten Selbstbiographien, täglich aktualisierte. Da gab es politische, erotische und persönliche Anspielungen. Uns ist nur das solide Gerippe dieser Gedichte geblieben.

In den Wirtshäusern hat er auch für einen Pfiff Wein aus dem Stegreif gedichtet. Er ließ sich Endreime geben und im Nu war das Gedicht fertig, wobei ihm seine stupende Formbegabung, die er in den zahlreichen Romanzen seiner Jugend zugeschliffen hatte, geholfen hat. Besonders beliebt waren seine frechen Verse auf die Reize der Kellnerinnen. Wie heißt es in

Castles Literaturgeschichte: „So langte Sauter nach vielversprechenden Anfängen in den Niederungen der Dichtung an und sank zu einem Bohemien herab, dessen Umgang für jeden achtbaren Bürger bloßstellend wirken konnte." Die Begründung dafür ist fast eine Sautersche Satire: Er mußte zugrundegehen, „weil es ihm an einem liebenden Weibe fehlte".

Sauter gehört zu den Halbvergessenen und in dieser Halbvergessenheit Verkannten. Ein poet maudit erregt immer wieder Interesse. Das verachtete Milieu wirkt anziehend. Rudolf Holzer hat ihn zum Helden eines Stückes gemacht, Heurigenliedersendungen erinnern an ihn. Das torkelnde Genie ist eine beliebte Genrefigur. Bei dieser Gelegenheit erinnert man sich, daß er ein Ahnherr des Wienerliedes war. Allerdings eines eher ungemütlichen Wienerliedes, nicht der Idyllisierung jener in Wien grassierenden Lebenseinstellung, die fesch und munter abgewirtschaftet hat. Das Wienerlied zeigt nur die Duliöh-Stimmung, aber nicht den Katzenjammer. Sauter porträtiert sich mit einem an Masochismus gemahnenden Realismus im Rinnstein:

Immer lustig lebt der Sauter,
Treu ist sein Gemüt und lauter,
Tausend Hirngespinste baut er
Und sich selber nicht vertraut er,
Alles, was er hat, verhaut er
. . .
Leider aber schon ergraut er,
Immer mehr und mehr – versaut er.

Und so fort. So lange der Vorrat an Reimen reichte, meinte ein Zeitgenosse. Oder vielmehr die Phantasie an Selbstbeschuldigungen. Sauter hat den Wiener Bürgern das Identifikationserlebnis ihrer Leichtfertigkeit und seiner Folgen geboten, ohne daß sie einen ihresgleichen in der Verkommenheit erkennen mußten. Ein versoffenes Genie hatte es sich selbst zuzuschreiben und galt als Sehenswürdigkeit.

Aber schon die Zeitgenossen haben ihm vorgeworfen, daß es ihm an Gemütlichkeit fehle, daß er zynisch sei. Im Dusel verlangten sie freilich doch wieder nach was Unterspicktem von Sauter. „Verkauft's mei Gwand, i fahr in Himmel!" ist ein Ausspruch, der ihn bis heute überlebt hat. Zu dieser Heurigenpoesie gehörte auch Franz Gruber mit dem süßen Hölzel. Wenn man will, könnte man ihn einen frühen Liedermacher nennen, wenngleich bereits den Germanisten aufgefallen ist, daß er mit dem professionellen Volkssängertum seiner Zeit nichts zu tun hatte.

Sauter wurde eines der ersten Opfer der Wiener Choleraepidemie. „Der arme Narr", rief ihm ein Wiener Bürger nach, „a drolliger Kauz, a liaber Kerl. Hab'n recht gern ghabt. Schad, daß er scho gstorben is, hätte uns noch viel z'lachen geben können." Er hat sich seinen Grabspruch gedichtet und damit bewiesen, daß er ein Dichter war:

Viel genossen, viel gelitten
Und das Glück lag in der Mitten.
Viel empfunden, nichts erworben,
Froh gelebt und leicht gestorben.
Fragt nicht nach der Zahl der Jahre –
Kein Kalender ist die Bahre
Und der Mensch im Leichentuch
Bleibt ein zugeklapptes Buch.
Deshalb Wanderer, zieh doch weiter,
Denn Verwesung stimmt nicht heiter.

Der Höhepunkt seiner Dichtung ist das „Gassenlied". Ich zitiere zwei Strophen:

Auf der Gassen schaut der Dichter
Gern die wechselnden Gesichter,
Bringt in Reime die Grimassen
Auf der Gassen, auf der Gassen!

Auf der Gassen rollen Leichen,
die kein hartes Herz erweichen.
Sonderbare Menschenrassen
Auf der Gassen, auf der Gassen!

Sein Nachruhm ist nie ganz verblaßt, aber im Klischee des verkommenen Genies geblieben. Seine Tragödie: Sein wesentliches Werk bleibt verschollen. Gesungen und versunken.

1884 hat Julius von der Traun eine erste Gedichtauswahl herausgegeben. 1926 hat Hans Deissinger seiner Ausgabe der Gedichte auch eine Biographie hinzugefügt.

Adolf Ritter von Tschabuschnigg

Geboren 1809 in Klagenfurt
Gestorben 1877 in Wien

Einer der ersten Schilderer des Proletarierelends in der österreichischen Literatur war ein Aristokrat, Minister und Herrenhausmitglied, Adolf Ritter von Tschabuschnigg, ein Exponent der franzisko-josephinischen Gesellschaft.

Tschabuschnigg entstammt einer Kärntner Adelsfamilie. Er ist in seiner Jugend viel gereist, hat auch im Ausland studiert. Er wurde Oberlandesgerichtsrat in seiner Heimatstadt Klagenfurt, kam dann als Richter nach Graz und wurde schließlich als Hofrat des Obersten Gerichtshofes nach Wien berufen. Der Kärntner Landtag entsandte ihn in den Reichsrat. 1870 wurde er für zehn Monate Justizminister. Er war lebenslanges Mitglied des Herrenhauses.

Tschabuschnigg war ein Mann im politischen Vordergrund.

Aber er war auch literarisch kein Verkannter. Seine sentimentalen Gedichte im Heine-Stil waren ebenso erfolgreich wie seine politischen Gedichte. Am bekanntesten von seinen Romanen wurde die Trilogie „Der moderne Eulenspiegel", „Die Industriellen" und „Die Grafenpfalz". Er ist hier ganz von den Jungdeutschen beeinflußt. Aber es gibt in Tschabuschnigg auch eine Jean Paulsche Ader, einen zur Burleske, zur Satire neigenden Humor, der auch dem Zeitkritiker zugute gekommen ist. „Was ist Liebe? Eine Ironie, die sich das Leben gegen unser Herz erlaubt."

Zuerst einmal trat er zur Vernichtung der modernen Kunst und der Frauenemanzipation an. Aber bereits 1854, in dem Buch „Die Industriellen" warf Tschabuschnigg die Arbeiterfrage auf. Er zeigte den Gegensatz von Zu ebener Erde und Erstem Stock. Die zweite Auflage hieß dann auch „Fabrikanten und Arbeiter". Dieses Nebeneinander entsprach nicht nur den liberalen sozialen Ansichten, es war damals auch literarisch modern. Denken wir an Gutzkows Roman des Nebeneinander. In diesem Buch jedenfalls beschreibt er drei industrielle Unternehmungen. In dem einen wird die Arbeitskraft brutal ohne jede soziale Beschönigung ausgebeutet, in einem zweiten wird dies mit Humanitätsphrasen getarnt, und in einem dritten bildet der Besitzer mit seinen Arbeitern eine Art Kommune und teilt den Gewinn mit ihnen. Eine Utopie, die Tschabuschnigg natürlich nicht erfunden hat. Aber es hatte etwas zu sagen, daß ein Mann in seiner Stellung sie aufgegriffen hat.

Noch vor Auerbach hat Tschabuschnigg in dem Roman „Die Grafenpfalz" Schloß- und Dorfgeschichte miteinander verbunden. Die Tendenz richtet sich gegen die Vorurteile des alten Adels, dem es die Emporkömmlinge des neuen Adels in lächerlicher Weise gleichzutun versuchen. Kritiker erinnerten die Stimmungsmalereien und Naturschilderungen an Stifter. Aber Tschabuschnigg war von anderem Schlag. In seinen Romanen wird wie in denen der Jungdeutschen heftig und ausdauernd debattiert. Kaum liegt ein Problem in der Luft, greift er es schon auf. Einer seiner Romane aus dem Jahr 1876 heißt „Sünder und Toren". Die Sünder und die Toren sind eindeutig und zweifelsfrei die Reichen und sogenannten Vornehmen. „Wahre Natur und echtes Gemüt sowie tüchtiges Streben findet sich in den bürgerlichen Kreisen." Um das zu beweisen, scheut Tschabuschnigg vor trivialen Verwicklungen nicht zurück. „So wird der Streber, der seine Jugendgeliebte im Stiche läßt und durch die Heirat mit einer reichen Bankierswitwe Karriere machen will, zum Lüstling und Spekulanten, der im Bankrott schließlich Frau, Kinder und sich selbst umbringt. Sein Jugendfreund, ehrlich, rechtschaffen, der die Arbeit hochhält als sittliche Tat, findet mit der Schmiedtochter, also im Verein mit dem Handwerk der guten alten Zeit, sein Glück."

Mit heutigem Sprachgebrauch könnte man Tschabuschnigg einen engagierten Autor nennen. Auch in den anderen Romanen werden aktuelle Themen aufgegriffen. Da wird über die Untrennbarkeit der Ehe diskutiert, da werden die Vorurteile des Adels verspottet, wobei immer ein etwas biederes Idealbild des anständigen deutschen Bürgertums entworfen wird.

Er war bestimmt kein Sozialist, aber er hat in einer Zeit, in der andere das verdrängten, die Rechtlosigkeit der Proletarier drastisch dargestellt. Zeitgenössische Kritiker haben denn auch ängstlich gefragt, was wohl geschähe, wenn solche Bücher mit der Darstellung von Streiks Arbeiter in die Hand bekämen.

Der Politiker Tschabuschnigg hat immer liberal gestimmt. Mißstimmung gab es nur über seine kurze Ministerschaft. Denn Tschabuschnigg war Großösterreicher, und das Kabinett Potocki, in das er 1870 als Justizminister berufen wurde, war föderalistisch. Als Parlamentarier hatte Tschabuschnigg immer seinen Zentralismus betont. „Das bedarf nur einer flüchtigen Überlegung, daß Österreich, wenn im Inneren geteilt, nach Außen gelähmt und ein Gegenstand der Zersetzung sein wird. Wir verpflichten uns zur Abwehr föderalistischer Bestrebungen." Er hat seine unbeugsame zentralistische Gesinnung nicht zuletzt dadurch gezeigt, daß er gegen den ungarischen Ausgleich stimmte. Der parlamentarische Redner Tschabuschnigg war zu seiner Zeit nicht weniger bekannt als der Romanschriftsteller. Er sprach sich für die Einführung direkter Wahlen in das Abgeordnetenhaus aus, er hat sich große Verdienste um die Neufassung des Strafprozesses erworben, um den Schutz des Briefgeheimnisses. Er hat 1867 als Abgeordneter gegen die Todesstrafe gesprochen, und er ist für den konfessionslosen Staat eingetreten. „Sowie die Frömmigkeit und Religion sich nicht nach staatsrechtlichen Kategorien teilen, ebenso soll auch der Staat sich zu keiner Konfession bekennen, er soll konfessionslos sein. Der Staat hat das Recht und die Pflicht, alle Angriffe einer Kirche zurückzuweisen.“

Ein Minister, der als Schriftsteller reussiert, ist eine Seltenheit, erst recht ein k. k. Minister, der sich für fortschrittliche Ideen engagiert. Vergessen ist er nicht ganz zu Unrecht worden. Tschabuschnigg hat, was auch selten ist in unserer Literatur, bewußt für den Tag geschrieben, und er hat sich nicht gescheut, die Kolportage zur Verbreitung seiner Gedanken einzusetzen. In einem seiner Vierzeiler drückt er das aus. Es war kritisch gegen die Politiker gemeint, ist aber auch eine Selbstcharakterisierung:

Volkes Stimme, Gottes Stimme!
Wahr ist eines: tauben Ohren
Gehen beide meist verloren,
Donnern sie nicht wild im Grimme.

Er hat wild im Grimme gedonnert. Als Parlamentarier und als Schriftsteller.

Ludwig August Frankl

Geboren 1810 in Chrast in Böhmen
Gestorben 1894 in Wien

Ludwig August Frankl war eine der populärsten Erscheinungen des Wiener Vormärz. Als Arzt, als Schriftsteller, als Freund der Dichter, als Herausgeber der literarisch einflußreichen „Sonntagsblätter", als Teilnehmer an der Revolution von 1848 sowie als unermüdlicher Verfechter jüdischer Rechte hat er auf vielen Gebieten in der Öffentlichkeit gewirkt.

Sein literarisches Werk ist dahin, seine Gedichte ebenso wie seine Epen und seine Erzählungen. Er war als Autor ganz im Fahrwasser seiner Zeit. Anpassungsfähigkeit an die gängigen Stile, an den Zeitgeschmack haben ihm schon die zeitgenössischen Kritiker vorgeworfen. Das heißt aber nicht, daß er nicht Erfolg hatte. Mit seinem Epos „Christoforo Colombo" verdiente er 1833 nicht nur so viel Geld, daß er nach Italien reisen konnte, es trug ihm sogar das Ehrenbürgerrecht von Genua ein. Gerade diese Anpassungsfähigkeit hat ihn zu einem genauen Kenner der literarischen Szene und zu ihrem genauen Beobachter gemacht. Ich möchte nicht seine Verse ausgraben, wohl aber seine Erinnerungsbücher.

Frankl ist 1810 in Böhmen geboren und 1894 in Wien gestorben, übrigens als Ludwig August Frankl von Hochwart, denn er ist 1877 geadelt worden. 1838 wurde er Sekretär der Wiener Kultusgemeinde. In den „Sonntagsblättern", die er von 1841 bis 1848 herausgab, hat er alle bedeutenden vormärzlichen Wiener Autoren versammelt. Er war, wie es bei Castle heißt, ein offener, ehrlicher Charakter, der sich allgemein der höchsten Wertschätzung erfreute. Es ist kein Zufall, daß die Literaturgeschichte ihm nur eine Seite widmet, aber sein Name im Register immer wieder aufscheint. Wer im Wien des Vor- und Nachmärz mit Literatur, ja mit Kultur im weitesten Sinne zu tun hatte, der stieß unweigerlich auf Frankl.

1848 war er wahrscheinlich der populärste Mann Wiens. Sein Lied „Die Universität" ist als das erste zensurfreie Druckwerk erschienen. Kein Wiener, der es nicht auswendig wußte:

Was kommt heran mit kühnem Gange?
Die Waffe blinkt, die Fahne weht,
Es naht mit hellem Trommelklange
Die Universität.

Die Stunde ist des Lichts gekommen,
Was wir ersehnt, umsonst erfleht,
Im jungen Herzen ist's erglommen
Der Universität.

Das freie Wort, das sie gefangen
Seit Joseph, arg verhöhnt, geschmäht,
Vorkämpfend sprengte seine Spangen
Die Universität.

Zugleich erwacht's mit Lerchenliedern,
Horcht, wie es dithyrambisch geht,
Und wie die Herzen sich erwidern:
Die Universität!

Und wendet ihr euch zu den bleichen
Gefall'nen Freiheitsopfern, seht:
Bezahlt hat mit den ersten Leichen
Die Universität.

Doch wird dereinst die Nachwelt blättern
Im Buche der Geschichte, steht
Die lichte Tat mit gold'nen Lettern:
Die Universität!

Die Märztage 1848 hat er in seinen unvollendet gebliebenen Lebenserinnerungen, die Stefan Hock erst 1910 herausgegeben hat, anschaulich beschrieben und dabei auch eine Charakterisierung der 48er Revolution vom Standpunkt eines liberalen Bürgers gegeben: „Wir sprechen nicht gerne von der ‚Revolution' in Wien; vielmehr war es neben der physischen auch eine moralische Erhebung, zu der sich das gedemütigte Volk emporraffte, das, noch unerfahren, wie es war, hoffte, daß mit den Geschehnissen der drei Märztage auch das Verjüngungswerk vollendet und keine Gegenwirkung, kein Rückfall mehr möglich sei. Und welch einen schweren Rückfall haben wir erlebt, bis die Namen der Männer nur genannt werden durften, die sich im Jahre 1848 mit erhoben, und später, wenn sie sich nicht in ein trauerndes Exil geflüchtet hatten, in Kerkern verkamen, wenn sie nicht mit dem Tode im Stadtgraben oder nächtlicherweile in der Brigittenau ihres Herzens Überzeugung büßten. Nur wenige haben sich gerettet, indem sie es vorzogen – Minister zu werden.

Wie chaotisch auch die Wiener Erhebung den sie Miterlebenden erscheinen mochte, sie bewegte sich wie nach einem unsichtbar ordnenden Gesetze mit einer von lebendigster Phantasie getragenen Logik des Geistes, daß sie sich wie ein Kunstwerk gestaltete und die edelste Form eines solchen, die eines kühn und gewaltig einherschreitenden Dramas annahm."

Hier beschreibt er auch die zündende Wirkung seines Liedes: „Unterdessen sind die Studenten, mit Flinten, manche nur mit Säbeln bewaffnet, auf dem Universitätsplatz, in den beiden Bäckerstrassen aufgestellt . . . Die Herzen zittern, alle Fibern der Geister zucken. Da naht, wie versöhnend, ein Lied, die Herzen würden sonst zerspringen vor Aufregung. Das Lied hilft für einen Augenblick über den Augenblick hinweg. Der Notar der Universität, Dr. Köck, liest unter plötzlich lautloser Stille das erste gedruckte, zensurfreie Wort: ‚Die Universität'. Der Verfasser wird auf die Schultern gehoben und unter jubelnden Zurufen entlang der Front der Studenten getragen. Im Chore wiederhallt's: ‚Die Universität!'"

Noch zu Lebzeiten Frankls sind seine Beiträge zu Grillparzer, Hebbel, Lenau und Raimund erschienen, aus denen die Literaturforschung bis heute schöpft, ohne allerdings die Quelle zu nennen oder sich ihrer bewußt zu sein. Es handelt sich um persönliche Erinnerungen, die zur Charakterisierung beispielsweise Lenaus unentbehrlich sind. Die Urteile Lenaus über Zeitgenossen, die er uns überliefert hat, zeigen uns einen außerordentlich kritischen Geist. Grillparzer mochte er überhaupt nicht. Aber „die Äußerungen, die Lenau oft tat, hingen übrigens von seiner momentanen Stimmung ab. Man konnte oft genau das Entgegengesetzte von ihm hören; scheinbar bis zur Untreue mit sich selbst. Ihn beherrschte wie Elektrizitätsmaschinen feuchte oder trockene Luft."

Interesse könnte auch heute noch sein Buch über seine Palästinareise erwecken. Er ist im Auftrag einer Stiftung nach Jerusalem, um dort eine jüdische Schule zu errichten, die übrigens bis jetzt besteht. Das ist das einzige Werk Frankls, von dem ein Nachdruck in Auswahl erschienen ist, und zwar 1935 im Verlag Schocken, den der Nationalsozialismus den Juden in den ersten Jahren zugestanden hat und in dem bekanntlich auch die erste Kafka-Werkausgabe herausgekommen ist. Frankls Palästinareise wäre sicherlich wert, in eine der heute erscheinenden Reihen von historischen Reiseberichten aufgenommen zu werden.

Käme eine Österreich-Bibliothek zustande, Frankls Erinnerungen an seine Jugend, an seine Wiener literarischen Beziehungen, an das Revolutionsjahr, an die großen Dichterfreunde oder an die Palästinareise müßte in einer Auswahl einer ihrer ersten Bände gewidmet werden.

Ludwig Donin

Geboren 1810 in Kautzen in Niederösterreich
Gestorben 1876 in Wien

Der österreichische Autor mit den größten Auflagen und der größten Zahl veröffentlichter Bücher ist heute völlig vergessen. Er wirkte wohl schon zu seiner Zeit nicht im Lichte der literarischen Welt, sondern in einer Art literarischem Untergrund. Er schrieb für die ungebildete Masse, allerdings keine Kolportageromane, sondern Erbauungsschriften und Gebetbücher. Ludwig Donin war Priester. Er hat von 1835 bis zu seinem Tod im Jahre 1876 eine stille, aber außerordentlich umfangreiche schriftstellerische Tätigkeit entfaltet, die sicherlich größeren Einfluß hatte als das Werk ästhetisch bedeutenderer Literaten.

Er war in dem damals entbrannten Kulturkampf eher der Beschwichtiger. „Ein gutes Buch ist eine Mission im Stillen“, hat er einmal geschrieben. Er hat nicht mitgeschimpft mit den anderen streitbareren Priestern, er hat versucht „durch Verfassung und Verbreitung einer wahrhaft christlichen Literatur die Menschen aufzuklären". Seine (schimpf-)wortgewaltigen Mitstreiter haben ihn dafür ein wenig verachtet. Aber er hat seine Schriften in Millionen Exemplaren unter die Leute gebracht und damit sicher einen größeren Einfluß gehabt als irgend ein anderer Schriftsteller, Prediger, Polemiker der katholischen Literaturbewegung.

Donin hat das Klemens-Maria-Hofbauer-Erbe popularisiert. Während die liberalen Zeitungen das literarische Leben beherrschten, haben die Massen seine Traktätchen gelesen. In der Monarchie, aber auch in Deutschland. 1866 bestellte Königin Augusta von Preußen bei Donin 600 seiner Erbauungsbücher für die katholischen Soldaten der preußischen Armee!

Als Vertreter der katholischen Erneuerungsbewegung um Kardinal Rauscher steht er sozusagen auf der niedrigsten Stufe. Aber er war der meistgelesene Autor seiner Zeit und nach dem Urteil einschlägiger Nachschlagwerke einer der fruchtbarsten Schriftsteller aller Zeiten. Ein Mann der Superlative. Er hat etwa dreihundert Bücher veröffentlicht, Gebet- und Erbauungsbücher für alle Stände und Lebensalter, Jugendschriften, kirchengeschichtliche, politisch-polemische Werke, für die er auch mehrere Decknamen hatte. Wenn er einmal heftiger zuschlug, nannte sich der sanfte Donin Anton Philaletes, Otto Cassian, Ludwig Priester oder Rhollandus. Da gab es sechs Bände „Kirchengeschichtliche Analekten", die „Kleinen Bollandisten" in zwölf Bänden, eine mehrbändige Geschichte Wiens. Allein 1867 gab es 27 Donin-Titel. Er publizierte Broschüren, Heftchen, aber auch dicke Wälzer wie die Geschichte des Stephansdoms. Er hat über Mariazell und Lourdes geschrieben, er hat Heiligenbiographien veröffentlicht, die „Leben und Taten der Heiligen Gottes" gleich in sechs Bänden, er hat die Altkatholiken und Freimaurer bekämpft, aber auch alte theologische Schriften erneuert und popularisiert. Unter den Themen seiner Bücher findet sich das damals vieldiskutierte Konkordat ebenso wie das Papsttum oder die französische Aufklärungsphilosophie.

Insgesamt hat er es auf mindestens sechs Millionen Exemplare gebracht, die Übersetzungen in sämtliche Sprachen der Monarchie nicht eingerechnet. Donin war eine theologische, aber auch eine literarische Institution. Diese Literatur im Dienste der Kirche hatte keinen ästhetischen Ehrgeiz, erreichte aber in den Reiseschilderungen, wie selbst skeptische Beurteiler seiner Schriften urteilen, beachtliches Niveau. Seine Traktate, aber auch für Zeitungen und Zeitschriften schrieb er so einfach wie möglich, „weil ich mehr für die Massen als für ein paar poetische Seelen oder stilistische Fabelhänse schreibe und durch vielfältige Erfahrung weiß, daß Leser von gutem Willen mehr auf die Sache als auf die Form sehen und andere, die keinen guten Willen haben, ohnedies mit nichts zufrieden sind".

So brachte er es auf Auflagen, die auch für heutige Begriffe beachtlich sind. Eine Broschürenreihe im Kampf gegen die Schundliteratur hatte eine Auflage von 95.000 Exemplaren. Die Verlage konnten nur mit Mühe mit seiner Produktion Schritt halten. Er hat gleichzeitig drei bis vier Druckereien in Wien beschäftigt und ständig mehrere Zeichner und Litographen. Ein Industrieunternehmen in Frömmigkeit!

Er selbst pflegte sich als einfachen Seelsorger zu bezeichnen. Er galt als Arbeiter- und Studentenvater, aber auch als Katechet der Hocharistokratie. Bei seiner Monsterproduktion fand er noch Zeit zu zahlreichen Reisen nach Italien, Frankreich, Holland, Deutschland und der Schweiz. 1852 fuhr er zu der Tiroler Ekstatikerin Maria Mörl in Kaltern, die auch Brentano besucht hatte. Natürlich gab es darüber sofort eine Publikation.

Er soll ein weltgewandter, gebildeter Mann gewesen sein und im Revolutionsjahr 1848 wiederholt seinen Mut bewiesen haben. Er war so erfolgreich, daß ihn die Münchner Verleger, die seine Schriften in Deutschland vertrieben, einmal aufgefordert haben, doch gleich nach München zu übersiedeln. Womit er schon damals das Problem der österreichischen Autoren vorweggenommen hat, in Österreich zu schreiben und in Deutschland zu verlegen. Er war selbst ein großer Leser. Er hielt 60 Zeitungen und Zeitschriften in mehreren Sprachen und hinterließ bei seinem Tod eine Bibliothek von 30.000 Bänden. Noch bis in die Zeit des ersten Weltkrieges wurden einzelne Titel seiner Devotionalienliteratur aufgelegt.

Das Phänomen Donin ist natürlich nur der Ausdruck des Phänomens der katholischen Erneuerungsbewegung, die damals nicht nur in Österreich gegen den Liberalismus zum Ge-

genangriff angetreten ist. Hinter dem Popularisator Donin stand eine differenzierte Literatur, die ihre Wurzel in der Romantik um Klemens Maria Hofbauer und den nach Wien emigrierten katholischen Romantikern Friedrich Schlegel, Adam Müller und Zacharias Werner hatte. In dieser katholischen Erneuerungsbewegung des Kardinals Rauscher gab es die gegensätzlichsten und nicht nur theologisch, sondern auch literarisch profilierte Erscheinungen wie den Rabbinersohn Veith, die Geschwister Hoffinger oder den streitbaren Sebastian Brunner. Als die Ideen des Hofbauer-Schülers Anton Günther dem Bannstrahl verfielen, ist es zu einem Dogmenstreit gekommen, der jenen in jüngster Zeit nicht nachsteht. Da gab es Antipoden wie Rauscher und Brunner, den Redakteur der Wiener Kirchen-Zeitung, die unter ihm eines der aggressivsten Wiener Blätter wurde. Brunner, brillanter Stilist, scharfzüngiger Polemiker und Satiriker, Antisemit, mutet nicht nur stilistisch wie ein Vorläufer von Karl Kraus an. Der wütend entbrannte Tageskampf mit den Liberalen hat auch auf der Kirchenseite die Federn geschärft. Auffallend dabei der immer mehr eskalierende Antisemitismus, der schon zur christlichsozialen Partei Luegers hinweist. Noch theologisch begründet, nimmt er doch schon nationalistische und rassistische Formen an, vor allem bei Brunners Nachfolger in der Kirchen-Zeitung, Albert Wiesinger.

Donin war der Mann, der die Wellen geglättet hat. Da ist kaum noch etwas von dem Kampf pro oder kontra Konkordat zu spüren, nichts mehr von dem gespannten Verhältnis, das ein Veith, ein Brunner zur Hierarchie hatten. Donin war ihnen intellektuell, literarisch, wohl auch theologisch unterlegen, aber eine literarische Großmacht. Wilhelm Oehl, ein Kenner dieser literarisch und kulturgeschichtlich interessanteren und bedeutenderen Bewegung, als sie unsere Historiker wahrhaben wollen, ist überzeugt, daß „die innere Überwindung des Liberalismus zum guten Teile Donins Werk ist“.

Alexander von Villers

Geboren 1812 in Moskau
Gestorben 1880 in Neulengbach

Die österreichischesten Österreicher sind die zugereisten Österreicher. Alexander von Villers, französischer Abstammung, in Rußland geboren, in Deutschland aufgewachsen, begegnet uns in seinen Briefen als das Ideal eines in Melancholie zu gelassener Heiterkeit, zärtlicher Ironie und gelegentlich auch hypochondrischer Verdrossenheit gereiften Österreichers. Er allein hätte wirklich Hofmannsthals „Schwierigen" spielen können.

Er ist als „Unbekannter" in die Literatur eingetreten, als sein Freund Hoyos seine Korrespondenz aus dem Nachlaß als die „Briefe eines Unbekannten" 1881 herausgab. Und er ist ein Unbekannter geblieben, wogegen auch die schöne Ausgabe nichts beweist, die Peter Müller in den *Österreich-Themen* unlängst herausgegeben hat. Der Einsiedler vom Wiesenhaus ist ein Autor für Individualisten geblieben. Man versteht, daß Franz Blei, daß Gütersloh, daß Doderer, bei dessen Wienerwaldschilderungen mir die Landschaftsbeschreibungen von Villers einfallen, Villers-Fans waren. Ich denke, es könnte mehr von ihnen geben. Es gibt viel zu viele potentielle Villers-Leser, die nicht von ihm wissen. Er ist einer der Autoren, die man ein Leben lang nicht mehr aus der Hand legt.

Dazu kommt, daß die „Briefe eines Unbekannten", ja Villers' Flucht aus dem Salon in den Stall, aus der eleganten Stadtwohnung in das Wiesenhaus nicht einer gewissen Aktualität entbehren. Wir erleben hier die Bekehrung eines Salonlöwen zu einem Einsiedler. Ein Aussteiger zieht sich aus dem Gesellschaftsleben in die Natur zurück, ein Schmarotzer am Tische der Reichen wird zum Selbstversorger.

Die interessante Lebensgeschichte tritt bei ihm hinter die große Wandlung seines Lebens zurück. Alles schien ihn zu einem der typischen Kavaliere seiner Zeit vorherzubestimmen. Die Familie von umstrittenem Adel wurde von Frankreich über Rußland, wo Alexander 1812 in Moskau geboren wurde, nach Deutschland verschlagen. Sein Onkel war ein leidlich bekannter Schriftsteller, der in nicht ganz geklärten Beziehungen zu Madame de Stael stand. Alexander wuchs in Leipzig auf, wo sich der Drucker Tauchnitz des jungen Mannes annahm. Aber die Buchdruckerei freute ihn hier ebensowenig wie später in Paris bei dem nicht minder berühmten Drucker Didot. Er trieb sich in den eleganten Salons herum. Liszt fand so großen Gefallen an ihm, daß er ihn in sein Haus aufnahm. Villers hatte eine starke Beziehung zur Musik. Er hat sogar komponiert, dilettantisch, wie Experten behaupten.

Um die galante Lebensgeschichte abzukürzen: 1883 kam er als sächsischer Diplomat nach Wien und wurde bald, wie der Fürst de Ligne, mit dem man ihn gerne verglichen hat, ein geradezu typischer Österreicher. Die Salons der Reichen rissen sich um den eleganten Causeur. Er brillierte in den Salons, aber er machte immer wieder Seitensprünge auf die Besitzungen seiner Freunde in der Ferleiten, in Bad Fusch und vor allem in Schwarzau bei Hoyos. Er liebte das Landleben, weil es sich aus „so einfachen Elementen wie Spazierengehen, Essen und Arbeiten zusammensetzt und von der Hast befreit". „Aber Landleben ohne völlige Unabhängigkeit“, fand er, „ist doch eine Düperie“. Er wollte „mäßig leben von Feldfrüchten, ein freier Mensch sein, ohne Heuchelei und Betteln und Schmarotzen, voll ausatmen . . .“

Er konnte es sich leisten, „eine Insel herzustellen, die unabhängig vom großen, unwirtlich werdenden Kontinent, das Notwendige hervorbringe, was ich für mich und meinen Hausstand zum Leben brauche“. Nach langem Suchen hat er das Wiesenhaus der Prinzen Liechtenstein in Neulengbach gefunden. Sie haben es ihm überlassen. Da hat er also in der Idylle als gebildeter Bauer gelebt. „Die runden Wipfel der Kastanien zeichnen eine grüne Hügelreihe auf den Hintergrund des Himmels von einem wässerigen niederösterreichischen Blau, und die Wiese macht sich allerhand gelbe Gedanken über die Schönheit“. Wann immer sich die Idylle umdüsterte, hatte er einen Bogen Papier, und der Briefträger brachte Post von den Freunden. Da konnte er Komplimente machen und über alles mögliche plaudern, nicht zuletzt über Literatur und Musik. Denn brieflich hat dieser Einsiedler immer die Verbindung zur Welt aufrecht erhalten. Diesem Umstand, daß der Einsiedler doch noch Sehnsucht nach der Welt empfand, verdanken wir die schönsten Briefe unserer Literatur, und nach der Meinung vieler, der Weltliteratur. Eduard Castle, sonst kein Schwärmer, nennt sie „Briefe voll Laune, Geist, Wissen, Humor, Gefühl und Kritik, Briefe, die Kultur und Natur auf die Weise eines vollendeten Menschen vereinigen, in einem schlechthin klassischen Deutsch, einem Deutsch der erlebten und durchdachten, ganz Ausdruck gewordenen Sprache, Briefe, wie wir sie in unserer Literatur nicht gleich umfassend und erfüllt, ungebunden und unbefangen, großzügig und feinnervig noch einmal besitzen.“ Da werden Professoren zu Lyrikern! Castle begründet auch, worin die Briefe von Villers den berühmtesten Korrespondenzen der Literaten überlegen sind: Weil sie niemals bürgerlich oder akademisch, doktrinär oder literarisch beschränkt bleiben, weil ihnen die Sicherheit der inneren Lebensführung und des äußeren Taktes in dem wahrhaft gebildeten und mühelos schöpferischen Geiste von Villers die große Welt gegeben habe.

Man möchte unaufhörlich aus den „Briefen eines Unbekannten“ zitieren, aber Villers ist kein Aphorist, er ist nicht nur geistreich, so wie er nicht nur naturliebend ist, er ist nicht nur brillant, er ist das alles in einer unnachahmlichen Legierung, Kostproben genügen bei ihm nicht. Man muß alles von ihm lesen oder doch wenigstens in einer so klug dosierten Auswahl, wie sie Peter Müller anbietet.

Berühmt geworden sind seine Bissigkeiten über Grillparzer und Hebbel, wenn er sich zum Beispiel wunderte, „warum das Burgtheater jedesmal, wenn ein Stück von Hebbel gegeben wird, zum Brechen – und nicht zum Speien – voll ist". Oder wenn er einem Freund schrieb, in Grillparzers Werken werde er „solche Dinge finden wie: ich werde rück ihn senden. Ebensogut könnte man sagen: Ich werde be ihn gleiten, oder sei doch so rück nicht sichtslos".

Wilhelm Weigand zitiert in seinem Vorwort zu der großen, tausend Seiten starken Ausgabe, die er mit Karl Graf Lanckoronski 1910 im Insel Verlag herausgegeben hat, aus einem unveröffentlichten Brief des Fünfzigjährigen an die Gräfin Nako, in dem dieser, offenbar um sich nach einem Zwist mit der Freundin zu rechtfertigen, eine Selbstdarstellung gibt, die dem Bild des gefälligen Unterhalters widerspricht, das man nach einer oberflächlichen Lektüre selbst seiner Wiesenhaus-Briefe gewinnen könnte. Sein Witz war seine Waffe gegen die Absurdität des Lebens:

„Wie alle Menschen, die das Gefühl der Schwäche und Hilflosigkeit kennen und fürchten, habe ich einen unbeugsamen Eigenwillen. Noch ein Kind, und bis zum Blödsinn geschlagen, wurde der nie unterworfen. Von Jugend auf und mit den Jahren wachsend, geht meine Sehnsucht über alle Grenzen; ich kann mich mit den Umgebungen nicht in Einklang bringen, lebe ein ganz anderes Leben als Sie sehen und bin ein solcher Künstler in dieser Narrheit, daß ich zwei Gespräche nebeneinander führe, eines, das Sie hören und noch ein anderes. Mein Leben hat mich verbittert und beschämt. Niemand sah die langen Maulwurfsgänge, auf denen Zorn und Tränen mir ins Herz gekrochen! Jetzt sind sie da zu Haus, und nun schreien die Leute. Ich liege nicht auf Rosen, das wissen Sie. Abhängig aus Not, ist mein Freiheitsgefühl unbändig . . . Ich liebe die Schönheit mit der höchsten Leidenschaft, Genuß von Verzweiflung weiß ich nicht zu unterscheiden . . . Ich weiß, daß ich in die Einsamkeit muß . . ."

Friedrich Kaiser

Geboren 1814 in Biberach
Gestorben 1875 in Wien

Die Autoren des Wiener Volkstheaters sind heute, Raimund und Nestroy ausgenommen, vergessen. Wenigstens ein halbes Dutzend hat seinerzeit dem Wiener Publikum ebensoviel gegolten. Friedrich Kaiser war vielleicht nicht der beste, aber der typischste Stückeschreiber des Wiener Volkstheaters. Und wir wissen von ihm mehr als von den anderen, weil er uns unter dem Titel „Unter fünfzehn Theaterdirektoren" die Geschichte seines Lebens hinterlassen hat.

Das Wiener Theater wurde damals von Direktor Carl beherrscht, der mit Spektakelstücken und Staberliaden Geld gemacht und dann mit Nestroy und Scholz das große Los gezogen hatte. Er war ein Selfmademann, brutal gegen die schutzlosen Schauspieler und Autoren. Ein Mann, dem Qualität egal war, wenn nur die Kasse stimmte. Zeitweise leitete er mit- oder nacheinander die drei wichtigsten Wiener Volksbühnen, an der Wien, in der Leopoldstadt und in der Josefstadt. Carl verfuhr eigenmächtiger als die Zensur. Er betrieb seine Theater als geriebener Geschäftsmann. Die Produktion betrachtete er als kapitalistisches Objekt: bestellte, was er brauchte, und gestattete sich mit den fertigen Stücken die einschneidendsten Veränderungen, um sie für seine „Bühnen zu accomodieren". Die Dichter mußten sich fügen, wollten sie aufgeführt werden. Während man ihm heute Verdienste zubilligt, warfen ihm die Zeitgenossen die Schuld am Verfall des ernsten Volksstückes vor.

Carl machte Schule. Ein unrühmlicher Epigone von ihm war Josef Fürst, „der sein ästhetisches Wildwest im Prater zeitweilig mit der Direktion des Theaters in der Josefstadt verband." Er rühmte sich, daß er jedem seinen „eisernen Arm spüren lasse". Als ihm ein Autor ein Stück über „Harun al Raschid" einreichte, gab er ihm den guten Rat, anstatt dieses dalkerten Spaniers oder wer der Kerl war, den kein Mensch kennt, ein Stück über den damals populären Kaffeesieder Gäbesam zu schreiben. „Des nimm i, des ziagt!"

In diesem Geiste schloß Carl einen Vertrag mit Kaiser als Stückelieferant. Kaiser hatte im Jahr sechs Stücke abzuliefern, wenn Carl eines davon nicht gefiel oder die Zensur eines verbot, dann eben ein siebentes oder achtes. Kaiser verpflichtete sich, alle Änderungen vorzunehmen, die Carl notwendig schienen. Dafür bezog er 24 Gulden Monatslohn, der sofort eingestellt wurde, wenn ein Stück Verspätung hatte. Die Verträge mit Carl hießen bezeichnenderweise „Korsarenbriefe".

In diesem Frondienst stand Kaiser von 1839 bis 1845. Dann ging er zu Pokorny an die Josefstadt. Carl strengte gegen ihn einen Prozeß wegen Vertragsbruches an und gewann ihn auch. Kaiser wurde zu einem Pönale von 64.000 Gulden verurteilt, ein Betrag, den sämtliche Volksstückeschreiber Wiens gemeinsam nicht hätten verdienen können. Man schloß einen Kompromiß. Kaiser ging zurück in den Frondienst Carls. 1857 wechselte er noch einmal an das Theater an der Wien, aber da hatte die Operette das Wiener Volksstück schon abgelöst, die Neureichen füllten an Stelle der Handwerker, Arbeiter und Kleinbürger die Theater. 1875 ist Kaiser gestorben, ein Ausgebeuteter, der Carls Millionen mitverdienen geholfen hatte.

Kaiser stammte aus einer Wiener Familie. Sein Vater war kaiserlicher Offizier. In Biberach kam er zur Welt, weil die schwangere Frau und sämtliche Kinder den Vater auf den Feldzug gegen Napoleon nach Frankreich begleitet hatten. Auf der Rückreise wurde er geboren. „Er wuchs in Wien heran, besuchte das Akademische Gymnasium, und trat, nachdem er seine ursprüngliche Absicht, Geistlicher zu werden, aufgegeben hatte, als Praktikant beim Hofkriegsrat ein. Die trockene Beamtenlaufbahn behagte dem jungen Mann aber ganz und gar nicht, er fühlte sich mit unwiderstehlicher Gewalt zum Theater hingezogen." Er versuchte sich zuerst bei den geselligen Veranstaltungen, die damals im privaten Kreis stattfanden, als Schauspieler. Nach den ersten dramatischen Erfolgen gab er seine Beamtenstellung auf und wurde einer der Dichtersklaven Carls.

Sein eigentliches Genre war das Lebensbild. Nestroy hat es im „Talisman" verspottet. „Wenn in einem Stück drei G'spaß und sonst nichts als Tote, Sterbende, Gräber und Totengräber vorkommen, das heißt man jetzt Lebensbild", meinte Nestroy und fuhr fort, die „neue Erfindung gehört in das Fach der Haus und Wirtschaftspoesie". Die damals hochmodische Theater- und Romanproduktion wurde plagiiert. Erstens wollten es die Direktoren, vielleicht auch das Publikum so, und dann waren die geplagten Autoren für Sujets dankbar. Beliebt war ein ernster, ja düsterer, gruseliger Hintergrund, vor dem die Stücke den Helden durch eine Reihe von peinlichen Situationen bis zum überraschenden Happy-End jagen.

Bei Castle wird eines dieser typischen „Charakterbilder" geschildert; Kaiser hatte darin unter dem Titel „Das Armband" Balzacs Novelle „L'agraffe" dramatisiert: „Ein düsteres Vorspiel, dessen Schauplatz eine Festung ist, aus der ein Straßenräuber auszubrechen sucht, bildet den Hintergrund. Der wakkere Gemeine Goller, der auf seiner letzten Wacht schon von seiner Heimkehr und seiner Braut Lore träumt, wird auf die Probe gestellt. Der Flüchtling fleht den Soldaten um Gnade an, verspricht ihm die Hälfte des Schatzes, den er einem Grafen geraubt und vergraben hat, für die Freiheit und beschreibt ihm genau das Versteck. Goller bleibt standhaft und alarmiert die Wache, die den Flüchtling niederschießt. Nun wird Goller im eigentlichen Stück durch seinen Nebenbuhler, einen Bösewicht, und durch eine Reihe von Intrigen in den Verdacht gebracht, der Räuber zu sein. Erst in letzter Stunde bringt die Rückkehr des beraubten Grafen Lösung und Erlösung." Das kriminalistische Motiv spielt eine große Rolle in Kaisers Stükken.

Kaiser hat wohl Zeit seines Lebens seine Begabung nicht durchsetzen können. Schon sein erstes Stück erkannte er nicht wieder, als er es von Carl zurückbekam. Die Verlockung der Aufführung verführte ihn. Er gab nach und damit wohl für immer. Er mußte also in Zukunft die ernsten Szenen auf ein Minimum beschränken und den allein auftretenden Komiker ein Lied singen lassen. Immerhin hat er mit dem „Lebensbild" ein Genre geschaffen, das noch bis Anzengruber nachgewirkt hat.

Kaiser hat 150 Stücke geschrieben, 77 sind erhalten. Ein Drittel seiner Stücke waren rauschende Erfolge. Zwei hat Otto Rommel in der Deutsch-Österreichischen Klassikerbibliothek herausgegeben. Man kann da nachlesen, daß es ihm durchaus nicht an aktueller Satire gefehlt hat, nicht an Anklagen gegen die Macht des Geldes, man könnte ihn fast einen Tendenzschriftsteller nennen. Er stand immer auf der Seite des Volkes. Kaiser ist übrigens auch darin ein Vorläufer Anzengrubers, daß er seine Stücke in ländlicher Umgebung spielen ließ, was Gelegenheit zu Volksliedern und Volkstänzen gab.

Seinen Liberalismus hat er im Jahr 48 bewiesen. Er hat auch seine Erinnerung an seine Teilnahme an der Revolution niedergeschrieben. Er verschweigt darin nicht, daß die Wiener, nachdem sie zuvor noch einen Nationalgardeoffizier gelyncht hatten, der sie wegen Aussichtslosigkeit zur Waffenniederlegung überreden wollte, sich nach der Besetzung rasch mit den Soldaten zu arrangieren versuchten. „Die Rasierstuben und Friseure hatten an diesem Abend sehr viel Arbeit. Eilig verschwanden die Revolutionsbärte und wallenden Freiheitsmähnen . . . Die Menschen wogten noch lange in den Straßen, gingen Soldaten schauen und wunderten sich, daß der Belagerungszustand so gemütlich war . . . Die Gasthäuser waren an diesem Abend sehr voll, man aß und trank . . ."

Karl Isidor Beck

Geboren 1817 in Baja in Ungarn
Gestorben 1879 in Wien

Versierte Marxisten kennen den Namen Karl Isidor Beck von der brillanten Kritik, mit der Friedrich Engels seine „Lieder vom armen Mann“ rezensiert, um nicht zu sagen erledigt hat. Der erste Satz ist sprichwörtlich geworden: „Die ‚Lieder vom armen Mann‘ beginnen mit einem Liede an ein reiches Haus. An das Haus Rothschild. Um Mißverständnissen vorzubeugen, redet der Dichter Gott mit ‚HERR‘ und das Haus Rothschild mit Herr an.“

Der Verriß könnte überraschen, denn „Die Lieder vom armen Mann“ zeichnet ein soziales Engagement aus, das unter den Achtundvierzigern keineswegs selbstverständlich und bei den jungen Revolutionären zugunsten von Tyrannenschmähung ausgeklammert war. Engels mochte wohl den Typus nicht, mit dem man keine Revolution machen konnte. Überschwenglicher Phraseologie folgte auf dem Fuß kleinmütige Verinnerlichung. Zudem schwang in diesem Verriß enttäuschte Liebe mit.

Karl Isidor Beck ist 1817 in einer südungarischen Kleinstadt geboren. Er hat erst im Alter von acht Jahren deutsch gelernt, dann das deutsche Gymnasium in Pest besucht und in Wien studiert. Seine Schubladen waren voll von Gedichten. Für den Sohn eines jüdischen Kaufmannes war das Lebensziel klar: ein deutscher Dichter wollte er werden. Mit zwanzig trat er in Leipzig in Kontakte mit dem Jungen Deutschland. Er wurde ein gefeierter revolutionärer Dichter der jungen Generation. Freiligrath war über seine „Gepanzerten Lieder" entzückt: „Der edelste Liberalismus, und dabei eine Phantasie wie Feuer und Flamme. Bild auf Bild, Blitz auf Blitz. Streich auf Streich. Der Kerl ist erst 21 Jahre alt". Das war 1838. Auch Engels hielt ihn für eine literarische und politische Hoffnung.

Anerkennung in der Heimat hatte ihm schon sein Gedicht „Die Eisenbahn" von 1835 eingetragen. Die Eisenbahn war damals ein beliebtes lyrisches Thema. Die Reaktionäre verdammten in ihr den feuerspeienden Teufel, die Progressiven feierten den Fortschritt, der mit der Technik auch die politische Freiheit und eine neue Menschlichkeit bringen würde. Die Geleise waren für Beck „ein Ehering, der die Unendlichkeit umschlingt und die Völker und Länder miteinander vereinigt".

Beck fiel nicht nur durch seine zeitgemäßen Losungen und Tendenzen, sondern auch durch Sporen und seine ungarische Kleidung auf. Als Gast in Ottilie Goethes Haus dichtete er frei nach Byrons Stil zum erstenmal volkstümliche Szenen aus Ungarn. Und den „Gepanzerten Liedern" folgten bald „Stille Lieder". Das hat die Kritik von Marx und Engels herausgefordert. „In seiner ersten Gedichtsammlung", schrieb Engels, „lag eine große Kühnheit. Der zwanzigjährige Dichter sprang aus der Prima gleich in den dritten Himmel. Das war ein Feuer, wie es lange nicht loderte, ein Feuer, das stark rauchte, weil es von allzu grünem frischem Holze kam . . . Kurz vor Freiligraths Gedichten erschien Becks ‚Nächte'. Es ist bekannt, welches Aufsehen beide Gedichtsammlungen erregten. Zwei junge Lyriker standen auf, denen damals von den Jüngeren keiner an die Seite zu setzen war . . . Die ‚Nächte' sind ein Chaos. Alles liegt bunt und regellos durcheinander. Bilder, oft kühn, wie seltsame Felsformationen; Keime eines künftigen Lebens, übergossen aber von einem Phrasenmeer; hier und da beginnt schon eine Blume zu sprossen, eine feste Insel sich anzusetzen, eine Kristallschichte sich zu bilden. Aber noch ist alles Verwirrung und Unordnung . . . Noch ehe sich ein fertiges Urteil bilden konnte, trat Beck schon mit einer neuen Reihe Dichtungen hervor. Der Sturm hatte ausgeweht, das Chaos begann sich zu ordnen. Man hatte nicht geglaubt, daß Becks dichterische Reflexion so ruhig und beinahe philiströs über der Wartburg schweben würde . . . In einem Konzerte sagte mir ein Freund, daß Becks ‚Stille Lieder' angekommen seien. Eben erklang ein Adagio einer Beethovenschen Symphonie. So, dacht' ich werden diese Lieder sein; aber ich hatte mich getäuscht, es war wenig Beethoven und viel Bellinisches Lamentieren darin. Als ich das kleine Heft zur Hand nahm, erschrak ich. Gleich das erste Lied so unendlich trivial, in einer so wohlfeilen Manier . . ." Und über ein Stück Becks urteilt Engels in demselben Aufsatz: „Dazu der Dialog über alle Massen ledern, die Sprache matt, und nur einige erträgliche Bilder die aber noch keinen Akt eines Trauerspiels stützen können, erinnern an Erwartungen, die Herr Beck nicht mehr erfüllen zu können scheint."

Tatsächlich ist sein Ruhm stetig verblaßt. Aber Beck ist nicht zuletzt als literarischer Typus hochinteressant. Der naive Sozialrevolutionär ist rasch enttäuscht und zieht sich in die Nation, in seine Pusztastimmungen zurück. Wie naiv er war, zeigt, daß er die „Lieder vom armen Mann" Rothschild gewidmet hat. Er erwartete, daß die Mildtätigkeit der Reichen zur Lösung der sozialen Frage beitragen könne. Man versteht den Grimm von Engels, der sogar seine Elendsbilder verspottete.

O Schmerzensbild!
Die Hütten morsch, die Menschen wild?
Die frierenden Kinder hocken,
Verlassen und müßig,
Barfüßig,
Mit ungekämmten Locken.

Auch wer von ihnen in Lumpen und Socken,
Gestohlen, erhandelt,
Ein Liedchen pfeifend im Viertel wandelt:

Dem folgen sie gern;
Der ist ein Auserkorener,
Zum Glück Geborener,
Den schauen sie an wie einen Stern.

Da kommen geschlichen,
Vermagert, verblichen,
Aus den Fabriken der Reichen.
Aus den Gehöften ihrer Treiber
Die Männer, die Weiber,
Ein langer, langer Zug von Leichen!

Er schwankte zwischen sozialem Mitleid, nationaler Verbitterung über den österreichischen Völkerkerker und romantischer Naturseligkeit. „Janko, der ungarische Roßhirt", ein seinerzeit viel gelesener Versroman, vereinigt das. Man könnte Beck eine Mischung aus Börne und Lenau nennen, politischer Polemiker und naturseliger Romantiker. Beiden war er auch stilistisch verpflichtet. Nur hat er die Puszta besser gekannt als Lenau. Seine Pusztabilder sind fast volkskundliche Dokumente. Man könnte ihn da als so etwas wie einen frühen Regionalisten bezeichnen.

Er ist daran gescheitert, daß er den politischen und den Naturdichter nicht vereinigen konnte, daß man nicht Revolutionär sein und ängstlich jede Veränderung fürchten kann. Er traf Petöfi, als die Revolution in der Luft lag, Rollett reihte ihn unter die „kühnen Streiter", er rief in Berlin „Ich trinke meine volle Seele der Menschheit zu". Aber er nahm an der Revolution nicht teil. Nach der Niederwerfung der ungarischen Revolution flehte er in einem Gedichtzyklus an Franz Joseph um Gnade und nannte den Aufstand Sünde, was ihm von allen Seiten Verachtung eintrug.

Als er 1879 starb, war er schon halb vergessen. Der typische halbherzig engagierte Dichter, dem die Herzen zugeflogen sind, so lange er sich und die anderen mit einem Schwall prächtiger Wörter und Phrasen zu täuschen verstand.

Bezeichnend der Nachruf eines Literaturhistorikers: „Während Herwegh sich in einer reichen Heirat, Dingelstedt und Laube sich in hervorragenden Stellungen zur Ruhe ließen, blieb Beck nur Dichter".

Uffo Horn

Geboren 1817 in Trautenau in Böhmen
Gestorben 1860 in Trautenau

Uffo Horn ist ein in mehrfacher Hinsicht bemerkenswerter Autor. Er ist einmal der Verfasser des berüchtigtsten vormärzlichen literarischen Pamphletes, „Österreichischer Parnaß, bestiegen von einem heruntergekommenen Antiquar", 1838 geschrieben, 1842 veröffentlicht. Weiters besteht sein Werk, ein Kuriosum der Weltliteratur, zu einem guten Teil aus Repliken auf Werke anderer Autoren, und schließlich hat er, ungewöhnlich für einen deutsch schreibenden Österreicher, in einer dieser Repliken, in seinem „Ottokar", erstmals die Partei der Tschechen ergriffen. Was auf einen von Österreichern und Tschechen unterdrückten Tatbestand hinweist, der in Nagl, Zeidler, Castles Deutsch-Österreichischer Literaturgeschichte so formuliert wird: „Viele der Charakterzüge, denen wir bei Horn begegnen, reiches Talent und geringe Ausdauer, Wanderlust und Heimatliebe, Sinn für Politik, Liebe zum Deutschtum, dem aber jahrelanges Liebäugeln mit dem Tschechentum vorangeht, sind geradezu typisch für die deutschen Schriftsteller Böhmens, deren Entwicklung vor das Jahr 1848 fällt. Sie gehören zusammen, sind einander befreundet von Jugendjahren an, hatten dieselben Gesinnungen und ähnliche Schicksale. Es ist die Blütezeit der deutschen Literatur Böhmens im 19. Jahrhundert, der wir entgegengehen. Bleischwer und trübe ist der politische Horizont, die schwüle Vorahnung der Gewitterstürme des Jahres 1848 lastet auf allen Gemütern, die, von der unfrohen Gegenwart sich abkehrend, der Vergangenheit sich zuwenden. Und aus ihr leuchtet ein Denkmal entgegen aus grauer Vorzeit, wie sie meinen, die Königinhofer Handschrift, mit ihren kampffrohen, freiheitatmenden Liedern; und aus späterer Zeit ragt eine Gestalt hervor, die für die Freiheit ihres Denkens in den Tod ging, Johannes Hus. Je mehr die Seele der jungen Dichter selbst nach Freiheit rang, desto heißer klammerte sie sich an solche Bilder der Vergangenheit; solche Zeiten wieder heraufführen zu können, war die Sehnsucht ihres Herzens." Das ist das Programm der tschechischen Romantik! Der Autor dieses Artikels verschweigt nicht, daß er solche Gesinnung, daß er dieses Zusammengehen der deutschen und tschechischen Intelligenz in einem gemeinsamen Freiheitsdrang ablehnt: „denn deren Freiheit ging nicht mit Gleichheit und Brüderlichkeit Hand in Hand, sondern mit Herrschsucht und Unterdrückungslust gegenüber den Deutschen."

Uffo Horn hat deutsch geschrieben und tschechisch gefühlt, aber 1849 auch dem Kaiser zugerufen, in Galizien Gnade zu üben und dem Zaren „den stolzen Tritt auf Leichen" zu überlassen. Einem tschechischen Thema war auch sein erstes aufgeführtes Drama gewidmet, das er mit 18 Jahren geschrieben hat. Es heißt „Horimir" und ist bewußt als Gegenstück zu Eberts „Czestmir" geschrieben worden.

Die Frage liegt nahe: War er ein Epigone, ein purer Nachahmer? Schon seine Zeitgenossen haben das verneint. Er wollte vielmehr zeigen, daß er es besser machen konnte, im Falle des Ottokar natürlich auch eine andere politische Überzeugung Grillparzer entgegenhalten. Er ist damit ein absolutes literarisches Unikum. Nach seiner Replik auf Ebert hat er einen

„Camoes" nach Halm geschrieben, Goethe mit einem „Faust" geantwortet, Grillparzer mit seinem national-tschechischen „Ottokar" und Stifters „Bunten Steinen" seine noch von Wurzbach hochgeschätzten „Bunten Kiesel" gegenübergestellt.

Uffo Horns „Ottokar" war die national-tschechische Antwort auf Grillparzers Ottokar-Drama. Grillparzers Ottokar ist ein Rebell, Uffo Horns Ottokar ein Nationalheld. Geht Grillparzers Stück auf eine Huldigung an Habsburg hinaus, so will der deutsch schreibende Böhme Horn Ottokar den Tschechen als ihre bedeutendste Herrschergestalt zeigen. „Schon die tschechische Schreibweise sämtlicher darin vorkommenden Eigennamen verrät den Geist, der es durchweht", notiert Wurzbach, „und wenn etwas überrascht, so ist es der Umstand, daß sich Horn in diesem Werk des Patriotismus nicht auch der böhmischen Sprache bedient hat, wodurch er ihm einen ewigen Platz in der Geschichte jener Literatur gesichert hätte, welcher es seiner Gesinnung nach angehört." Auch Wurzbach kann sich diese Sympathie für das Tschechentum nicht erklären, was eine Ahnung von der Intoleranz im angeblich toleranten Vielvölkerstaat vermittelt.

Horns Ottokar-Stück ist auch aufgeführt worden, allerdings erst nach einer Umarbeitung in Linz. Angeblich mit großem Erfolg. Den hatte es jedenfalls als Buch. Es erlebte vier Auflagen, etwas, das außer der „Ahnfrau" keinem zeitgenössischen österreichischen Stück gelungen ist.

An seiner Urheberschaft am „Österreichischen Parnaß" gab es nicht zuletzt von ihm geschürte Zweifel. Es war ihm peinlich, von den Autoren zur Rede gestellt zu werden. Es wurden verschiedene andere Autoren verdächtigt. Horn selbst versuchte, den Verdacht auf Itzig Jeiteles zu richten, der einige Jahre zuvor unter dem Pseudonym Dr. Julius Seidlitz eine viel zahmere Satire über „Die Poesie und die Poeten in Österreich" im Jahre 1836 veröffentlicht hatte. In der Vorrede ist da von einem „kleinen Jüdchen" die Rede, das auf dem Wege nach München, wo es sich taufen lassen wolle, das Manuskript abgegeben habe. Weil er als Christ mit dieser Schrift nichts mehr zu tun haben wollte, habe er sich ihr ungetauft entledigt. Worauf dann eine Personsbeschreibung in Form einer Judenkarikatur folgt. Aber die Sache blieb an ihm hängen.

Der „Österreichische Parnaß" ist sicherlich Uffo Horns einzige Schrift, die man heute noch mit Vergnügen lesen kann. Sie ist auch einmal von einer bibliophilen Gesellschaft neu aufgelegt worden. Solche satirischen Schriftstellerkataloge waren damals eine beliebte literarische Form. Hier wurden literarische, aber auch politische Tageskämpfe ausgefochten, die Regierungsspitzel unverhüllt angegriffen. Gross-Hoffinger hat so etwas geschrieben, der schon zitierte Seidlitz-Jeiteles, Hieronymus Lorm. Eine kommentierte Auswahl dieser Pamphlete ergäbe ein hübsches Buch.

Uffo Horns „Österreichischer Parnaß“ ist ein Heft von 45 Seiten, 92 Schriftsteller werden darin durchgehechelt. Und zwar nicht nur ihr Werk, sondern auch ihre politischen Anschauungen. Anspielungen auf Privates fehlen nicht, sogar das Äußere wurde nicht gerade schmeichelhaft beschrieben. Wer sich dem Staat unterwirft, wird als „Kriecher ex officio“ bezeichnet. „Ausdrücke wie Patriot, forcierter Patriot, Liguorianer, Finsterling haben in diesem Schimpflexikon ihren festen Kurswert, ebenso wie das ehrende Prädikat liberal.“

Braun von Braunthal, ein zwielichtiger Charakter, als Spitzel verdächtigt, wird so beschrieben: „Ritter voll Furcht und Tadel. Von Marqueurs, seinem Schneider und einigen spießbürgerlichen Familien Baron tituliert, weil er seinen ersten Namen Braun immer französisch ausspricht. Mittelgroße Figur, mittelalterliches Gesicht, mittelmäßiger Schriftsteller und unbemittelter Rentier.“

Über Johann Nepomuk Vogel: „Groß, gemeines Äußeres, schmutziger, vernachlässigter Anzug, gemeine Schlächter-Manieren, hat einen großen Schnurrbart, treibt sich in Kneipen herum, ist wenig geachtet und nirgends in guter Gesellschaft zu finden, ziemliches episch-lyrisches Talent, sehr fruchtbar, Balladenfabrikant en gros.“ Und bei Grillparzer bringt er einen Seitenhieb auf „König Ottokars Glück und Ende“ an: „Ein tragisches Gelegenheitsgedicht zur Verherrlichung der Habsburger. Pfui!“

Alfred Meißner

Geboren 1822 in Teplitz
Gestorben durch Selbstmord 1885 in Bregenz

Wo immer man ein Buch über österreichische Literatur aufschlägt, erfährt man über barocke und monarchistische Traditionen, über Resignation und Verzicht, kaum aber etwas über die vielen Aufklärer und Achtundvierziger-Revolutionäre unserer Literatur. Österreich war im Vormärz geradezu ein Lieferant aufsässiger Dichter. Ein geistiger Export, der die österreichischen Länder zwar von den Unruhestiftern befreite, aber, wie wir heute wissen, auch im Ausland von österreichischen Konfidenten genau überwacht worden ist.

Einer dieser Exporte aufrührerischer und revolutionärer Ideen war Alfred Meißner, der heute nur noch in Heine-Biographien im Zusammenhang mit Mouche auftaucht.

Er war ein außerordentlich fruchtbarer Schriftsteller, der

Lyrik und Epen veröffentlicht und sich auch im Drama und im Roman versucht hat. Überdies war er journalistisch tätig. Ein Frühreifer. Sechzehnjährig hat er zum erstenmal publiziert, mit dreiundzwanzig war er schon fast berühmt oder zumindest bekannt mit seinem ersten Gedichtband.

Er war vom Weltschmerz Byrons angesteckt, Lenau hatte es ihm angetan. Später war Heine sein unerreichtes Vorbild. Aber bekannt war er als engagierter Autor der Achtundvierziger-Generation. Seine Gedichte galten den Proletariern, dem Arbeiterkind, den Verdammten. Er war einer der ersten Großstadtdichter:

Mich treibt's zur Stadt, der ungeheuren,
Im Tummelplatz von Millionen
Bin ich daheim, da will ich wohnen.

Er war vor allem als Lyriker und durch das Hussitenepos „Ziska“ bekannt, das die Zensur verfolgt hat. Seine Leidenschaft gehörte dem Drama. Aber es war eine unglückliche Liebe. Mit einem Freund, der seine Dramatik kritisierte, hat er den Verkehr abgebrochen.

Stilistisch war das alles konservativ und ist auch schon damals als epigonal empfunden worden. Der Mensch Meißner, ein sozial engagierter Zweifler, interessiert uns heute mehr als der Autor. Meißner hat sich zwar der sozialen Frage verschrieben, aber er war nicht zum Politiker geboren. Ein Zerrissener, Unruhiger, Unsteter, Geworfener. Ein durchaus moderner Charakter. Überdies „krankte er an Österreich“, wie er das ausgedrückt hat.

Er reiste viel, er war in London zu finden, in Paris, in Brüssel, Berlin. Nicht immer war er ganz freiwillig unterwegs. Zu seinem unruhigen Charakterbild paßt auch seine Freundschaft mit einem Literaten, der ihn nach allgemeinem Urteil ausgenützt und nach seinem Tode seinen Anteil an seinen Romanen gefordert hat. Mit seiner Behauptung, daß er und nicht Meißner der eigentliche Autor der Romane sei, hat er diesen in den Selbstmord getrieben. Die Literaturgeschichte nennt diesen Hedrich den Dämon Meißners. Ein düsteres, bis heute nicht geklärtes Kapitel, das ein zwischen Byronschem Weltschmerz und sozialem Engagement gelebtes Leben wie einen düsteren Kriminalfall enden läßt.

Lesenswert ist von seinem umfangreichen Werk heute nur noch die „Geschichte meines Lebens“. Da stehen auch die Erinnerungen an Heine. Aber man muß sich vorstellen, mit wem Meißner Umgang gehabt hat. Da sind Richard Wagner und Max Stirner, Karl Marx und Ferdinand Freiligrath, Ludwig Feuerbach, Musset, Michelet und Gerard de Nerval. Er war in der Frankfurter Paulskirche dabei, beim Studentenfest auf der Wartburg. Er hat wirklich eine Menge zu erzählen.

Ein eigenes Kapitel ist Heine und Meißner. Vor allem das Dreiecksverhältnis Heine – Meissner – Mouche hat nicht nur die Literaturgeschichte, sondern auch die Skandalchronik beschäftigt. Mouche hat, wie man in allen Heine-Biographien lesen kann, die letzten Lebensmonate des Dichters erhellt. Aber die gebürtige Pragerin war schon Jahre vorher Meißners Geliebte. Meißner hatte Mouche 1847 am Strand von Le Havre kennengelernt. Es kam zu einem Flirt. Sie gab ihm einen Ring als Liebespfand. Als sie anderthalb Jahre später erfuhr, daß Meißner in Paris war, eilte sie in sein Hotel und fiel ihm um den Hals. Sie bewunderte den Freiheitsdichter und sank „an seine Dichterbrust“. Damals erzählte Meißner ihr von seinem Freund Heine. 1850 begegnete Meißner ihr zufällig in der Regent Street in London. Aber da wollte sie, die inzwischen einen wohlhabenden Geschäftsmann geheiratet hatte, ihn nicht kennen. Als sie, geschieden, wieder in Paris landete, erinnerte sie sich Meißners. Sie schrieb ihm Briefe, aber er antwortete nicht. Und da wandte sie sich an Heine. Ihr Brief gefiel ihm, und sie selbst gefiel ihm noch besser. Heines Liebe nahm immer ungestümere Formen an, weiß ein seriöser Heine-Biograph zu berichten. Und Mouche: „Er hatte mich so lieb, er spielte mit mir wie mit einer Puppe.“

Nach Heines Tod wandte sich Mouche wieder brieflich an Meißner. Da er gerade an seinen „Erinnerungen an Heinrich Heine“ arbeitete, fuhr er zu ihr nach Paris. Die Biographien warfen Meißner Indiskretion vor, weil er Heines Verhältnis mit Mouche preisgab. Er selbst berichtet in der „Geschichte meines Lebens“ über sein Zusammentreffen mit Mouche nach Heines Tod:

„Sie öffnete einen Schrank, holte eine Cassette daraus und sperrte diese mit einem Schlüsselchen auf, das sie bei sich trug. Zu meiner größten Verwunderung sah ich, daß sie ausschließlich mit Briefen und Zetteln von Heines Hand gefüllt war, die aus der letzten Zeit stammten. Das waren die großen Schriftzüge, die noch, da er als halb Blinder schrieb, einen edlen schwunghaften Charakter bewahrten. ‚Welcher Schatz von Reliquien!‘ rief ich bewegt. ‚Darf man einen Blick hineinwerfen?‘

‚Alles darfst Du lesen. Alles! Doch wisse, daß Du der erste bist, dem ich diese Blätter zeige . . .‘

Ich las und las und wurde von einer seltsamen Rührung ergriffen. Die vielen, vielen kleinen Zettel waren meist nur an die Geliebte gerichtete Bitten, ihn zu besuchen, oder Entschuldigungen, ihren Besuch nicht haben annehmen zu können, weil er zu krank gewesen, mit der Bitte vereint, ihm deshalb nicht zu grollen und seiner bald wieder zu gedenken! Doch wie innig, wie rührend war das alles gesagt . . . Heine hatte seine Freundin mit kleinen Geschenken überhäuft, welche sein Wohlwollen ausdrücken sollten und die des Schreibens kaum noch fähige Hand angestrengt, die süßesten Schmeichelworte zu Papier zu bringen.

Ich sah die Blätter an . . . ‚Welches qualvolle Werben um ein bißchen Liebe, ein bißchen Herz . . . Er bettelt mit erhobenen Händen um etwas Mitgefühl.

‚Der hat wenig Glück mit seiner Frau gehabt!‘

‚Du kennst sie!‘

‚War sie nicht eifersüchtig auf Dich?‘

‚Mein Gott, weghaben wollte sie mich allerdings. Sie versuchte Heine einzureden, daß ich eine preußische Spionin sein müsse . . .‘

Wir mußten beide mitten in unserem Leide lächeln. Und wieder sah ich mir Margot (wie Mouche wirklich hieß) an, die gealterte Margot. Wir haben sie beide geliebt, sagte ich zu mir. Ich in sonnigen Tagen mit Gelächter und Leichtsinn, er in Leid, Gram und Verzweiflung. Welche Wandlungen hat das Leben!“

Franz Michael Felder

Geboren 1839 in Schoppernau im Bregenzerwald
Gestorben 1869 in Bregenz

Vielleicht ist der als „Dichter des Bregenzerwaldes" apostrophierte Franz Michael Felder nicht ganz vergessen, sicher aber ist er nicht in seiner Bedeutung erkannt und gewürdigt. Ein kraftvoller Erzähler seines Schlages, der in einem hinterwäldlerischen Dorf mutig die soziale Frage aufgegriffen hat, hätte in jeder anderen Literatur einen Ehrenplatz und vor allem eine historisch-kritische Edition sowie Volksausgaben seines Hauptwerkes. Felders Autobiographie „Aus meinem Leben" ist nicht nur ein soziales Dokument, ein literarisches Meisterwerk, sondern auch eine kulturgeschichtliche und ethnographische Fundgrube. Eine der besten Darstellungen bäuerlichen Lebens im 19. Jahrhundert.

Diese Selbstdarstellung ist erst 35 Jahre nach Felders Tod,

1904, in den Schriften des Literarischen Vereines in Wien erschienen, die bis heute eine der wichtigsten Quellen der österreichischen Literatur sind. Niedergeschrieben hat Felder diese Erinnerung auf den Rat seines Förderers und Freundes, des damals hoch angesehenen Leipziger Germanisten Rudolf Hildebrand.

Franz Michael Felder wurde 1839 im hintersten Bregenzerwald, in Schoppernau, als Bauernsohn geboren. Er war ein schwächliches Kind. Man weiß, schwächliche Kinder wurden, wenn sie Begabung zeigten, aufs Gymnasium geschickt und für den geistlichen Stand bestimmt. Ein Priester hat bei Felder davon abgeraten. Der Herausgeber von Felders Autobiographie meint vielleicht nicht ganz zu Unrecht, das sei möglicherweise gut gewesen. Wer weiß, ob sie ihm am Gymnasium nicht die Sprache verdorben hätten, dieses herbe, von Dialektpartien gewürzte, urwüchsige Deutsch, in dem er aus dem Bregenzerwald erzählt hat.

Der Bregenzerwald war damals sicherlich eine Gegend hinter dem Wald. Reiseschriftsteller wie Ludwig Steub haben ihn entdeckt, aber die neue Zeit ist hier relativ spät eingezogen, was natürlich Felders Schilderungen besonders interessant macht, bietet er doch ein Bild einer intakten Bauernwelt mit allen sozialen Mißständen, die er unnachsichtig aufgedeckt hat. Der Herausgeber der Erstausgabe glaubte ihn 1904 noch gegen den Vorwurf der Sozialdemokratie verteidigen zu müssen. Das soziale Engagement Felders war tatsächlich unübersehbar und hat auch zu vielen Anfeindungen geführt. Gleich nach seiner ersten Publikation, einer Dorfgeschichte aus Schoppernau, hat man den Dreiundzwanzigjährigen als Freigeist verschrien. „So tief lagen die Nebelschwaden der vormärzlichen Zeit noch immer in den Tälern des Bregenzer Waldes,“ wie sein Vorarlberger Verehrer Joseph Gasser, allerdings wesentlich später, anmerkt. Dabei war Felder in seiner Geschichte „Nümmamüllers und das Schwarzkaspale“ ohnehin dem literarischen und sozialen Klischee gefolgt, daß Arbeit und Strebsamkeit aus dem Elend zu einem bescheidenen Wohlstand verhelfen. „Es ist eine einfache Bauerngeschichte aus des Dichters Heimat. Der Held, der viele persönliche Züge Felders aufweist, ist Kaspale (Kaspar), der Sohn ‚Schwarzhannes‘, des Bettlers. Es wird mit breiter Behaglichkeit erzählt, wie er sich durch Fleiß, Tüchtigkeit und rechtlichen Sinn mit und neben den Kindern des Nümmamüllers (der nicht mehr Müller ist) aus Niedrigkeit und Dürftigkeit emporgearbeitet und an der Seite der Mikle (womit ein damals im Bregenzerwald häufig vorkommender Name, Maria Katharina, angesprochen ist), der Müllerstochter, endlich sein verdientes häusliches Glück findet."

Felder war ein schwächlicher Mann, aber er hatte ein Kämpferherz. Er scheute keine Auseinandersetzung. Auch seine beiden nächsten Werke sind der spezifischen dörflichen Art der sozialen Problematik gewidmet. Er hatte nun bereits einen Verleger in Leipzig, den renommierten S. Hirzel. Sein erster Roman sollte ursprünglich „Der Dorffreimaurer" heißen, erschien aber dann unter dem Titel „Sonderlinge. Bregenzerwälder Lebens- und Charakterbilder aus neuester Zeit". Felder läßt die Konservativen und die Radikalen, jene, bei denen alles beim alten bleiben muß, und die anderen, die alles Alte über den Haufen werfen wollen, aufeinanderprallen. Als Extremisten sind beide für ihn Sonderlinge. Er plädiert für eine dritte Kraft, für einen sozialen Ausgleich zwischen den konservativen und den fortschrittlichen Bauern. Aber die Bregenzerwälder empfanden nicht sich, sondern diesen abtrünnigen Bauernsohn, diesen körperlich schwächlichen Romanschreiber in ihrer Mitte, als Sonderling.

Der Erfolg war groß. Es gab sogar Übersetzungen ins Niederländische und Friesische. Der Titel seines nächsten Romanes sagt gleich, worauf es ankommt: „Reich und arm". Felder verfolgt darin die Entwicklung des reichen Hoferben und des blutarmen, unehelich geborenen Knechtes. Felders Ansehen war bereits so groß, daß eine Novelle, „Liebeszeichen", in Reclams Universalbibliothek übernommen wurde.

Der Autodidakt Felder hatte drei große Vorbilder. Zuerst den Berthold Auerbach der Dorfgeschichten, von dessen süßlicher Sentimentalität er sich rasch zu Jeremias Gotthelf bekehrt hat, an dessen Seite man sein „Aus meinem Leben" getrost stellen darf. Der dritte war Ferdinand Lassalle, dessen Lektüre seine sozialen Ziele noch verstärkt hat. In einem Brief beklagt Felder die Entsittlichung, die der gesellschaftliche Gegensatz auslöst.

Leider reicht seine Autobiographie nur bis zu seiner Heirat im Jahre 1861. Die geplante Fortsetzung hat sein früher Tod verhindert. Felder ist nur 30 Jahre alt geworden. Wenn man bedenkt, daß sein Werk, zwei Romane, die Autobiographie und einige Dorfgeschichten, neben seiner harten Bauernarbeit entstanden ist, neben dem Kampf, mit dem er sich zur Bildung durchringen mußte und vor allem neben der Abwehr der Anfeindungen von Neidern und politischen Gegnern, steigt die Bewunderung noch. Er hat sich gegen seine Zeit, gegen seine Mitbürger stellen, er hat um seine schriftstellerische Berufung ringen müssen. Bei der Eheschließung hatte er alle Tagebücher vernichtet in der Meinung, nun ein bürgerliches Leben beginnen zu können oder auch zu müssen. Aber er hat gleich wieder zu schreiben begonnen. Er war eben doch der geborene Erzähler.

Man hat versucht, das literarische und das volkskundliche Interesse an seinen Schilderungen aus dem Bregenzerwald gegeneinander auszuspielen. „Aus meinem Leben“ ist ein unschätzbares Stück Bildungsgeschichte, es bietet reiches volkskundliches Material, aber es erweckt doch bis heute ungebrochenes Interesse durch seine schriftstellerischen Qualitäten, durch die Wahrhaftigkeit dieses jungen Dörflers, der aus den Büchern lernt, sich aber nicht verbilden läßt, es wirkt durch die scharf gezeichneten Gestalten, das genau getroffene Milieu.

Das ist auch eine sehr frühe Literatur der Arbeitswelt, wenn Felder den Senn und seine Arbeit beschreibt. Das Dorf war ja noch nicht lange für die Literatur entdeckt worden. Man hatte festgestellt, daß die Leute hier ebenso fühlten, dachten und sprachen wie die Städter, und hatte nun die Liebesgeschichten aus der Stadt in das interessante, exotisch anmutende Dorfmilieu übertragen. Aber in Felders Dorf wurde nicht nur geliebt und allenfalls intrigiert, hier wurde gearbeitet. Dieser Dörfler, der sich aus engsten Verhältnissen emporgekämpft, der mit seiner schwachen Gesundheit geradezu unübersteigbar erscheinende Schwierigkeiten überwunden hat, hat nichts an diesem Bauernleben idealisiert. Felders Gönner haben es gut gemeint, als sie „Aus meinem Leben“ als bäuerliche „Dichtung und Wahrheit“ bezeichneten. Es ist die zur Dichtung gewordene pure Wahrheit des Bauernlebens in einem Bregenzerwälderdorf in der Mitte des vorigen Jahrhunderts.

Ada Christen

Geboren 1844 in Wien
Gestorben 1901 in Wien

Ada Christen, heute so gut wie vergessen, war vor 115 Jahren die literarische Sensation Wiens. Die Leute fragten sich: War es nur eine Sensation? Begründen wir einmal die Sensation. Da war die Tatsache, daß eine sogenannte Gefallene schrieb. Es waren Gedichte, die dem bisherigen Frauenideal ins Gesicht geschlagen haben, es war aber auch keine modische Verherrlichung der Sünde, die man noch zu jeder Zeit toleriert hat. Eine Frau sprach von ihrer Leidenschaft, ihrer Not, von ihrem Mitgefühl, und das war eine Frau, die das alles erlebt hatte, auf einer Theaterschmiere, die nicht viel mehr als ein fahrendes Bordell war, als Gescheiterte und Heimarbeiterin, die „in Bacchus Namen getauft und der Frau Venus geweiht" war.

Sie stammte aus einer gutbürgerlichen Familie vom Grund.

Sie wurde als Christiana Frideriks als Tochter eines wohlhabenden Geschäftsmannes geboren. Aber er war ein Achtundvierziger. Als die Träume von Freiheit ausgeträumt waren, wurde er eingekerkert und ließ die Familie in Not zurück. Die Mutter brachte die Kinder durch Handschuhnähen durch. Damals wohnte man im Haus „Zur blauen Gans“, das durch Ada Christens Schilderungen seinen Platz in der literarischen Geographie Österreichs bekommen sollte. Sie heiratete auf einer Tournee einen adeligen Stuhlrichter in Ungarn, der bald in geistiger Umnachtung starb, kehrte heim, lebte wieder in dürftigsten Verhältnissen. Hier schrieb sie nun die „Lieder einer Verlorenen“, die sie retten sollten.

Ferdinand von Saar, der „das unergründliche Weib mit der unergründlichen Seele“ in ihr sah, war der Geburtshelfer. Aber den anderen fielen natürlich sofort die Mängel auf. Das Vorbild Heine. Dürftige Bildung, Verwirrung des Geschmacks, Verzerrung der Leidenschaft ertrug man aber für einen voyeuristischen Blick in das Leben einer „Gefallenen“. Aber viele spürten doch die Freimütigkeit dieser Lebensbeichte. Das war nicht das übliche Süßholzraspeln, da war eine Persönlichkeit, hinter diesen Zeilen stand ein durchlittenes Frauenleben. „Es ist ein Strahl Lichtes, der sich in einer Pfütze spiegelt, aber doch ein Strahl“, schrieb der anfangs skeptische Ludwig August Frankl an Anastasius Grün, dem er den Band zuschickte. Grüns Urteil ist typisch: „Es ist Geist und Talent in diesem traurigsten Spiegelbild unserer sittlichen Zustände, ein verirrter Lichtstrahl, der ein unheimliches Dunkel erst sichtbar macht“. Man genoß den Blick in die andere Welt, die man häufiger frequentierte, als man zuzugeben bereit war. Typisch das Urteil Kürnbergers, der nicht den Mut fand, zu entscheiden, ob das ein Talent oder ein Unglück sei. Er hatte recht, aber er begriff nicht, daß man ein Talent und ein Unglück ersten Ranges sein könne, und daß das möglicherweise zusammenhing, daß das eine das andere bedingte.

Sie hat damals herausgeschrien, was sie bedrängte. Klischees in Ausdruck und Denken stehen direkt neben erlittenen Einsichten:

Und sie beugt sich zähneknirschend,
Aber seht, sie beugt sich doch!

Und sie trägt mit dumpfem Schweigen
Jahrelang das ekle Joch.

Sie versteht, ermißt ihr Elend,
Ihren Jammer, ihre Schmach;
Sie erkennt, was sie verbrochen
Und was man an ihr verbrach.

Und sie rüttelt an den Ketten –
Fürchtet nicht, daß sie sie bricht,
Denn sie beugt sich zähneknirschend,
Und – sie jammert ein Gedicht.

Ada Christen hat dann wieder geheiratet, einen reichen Mann, einen Fabrikanten, der sein Geld mit Konservenlieferungen für die Armee bei der Okkupation Bosniens und Herzegowinas verdient hat. Die Dichterin der Not als Frau eines Kriegsgewinnlers, das ist auch eine Pointe. Christiana von Breden, wie sie nun hieß, hielt Salon. Zu den ständigen Gästen gehörten Christine Hebbel, Saar, der Maler Amerling; Anzengruber fühlte sich hier wohl. Das Vermögen schmolz, aber sie haben es noch einmal geschafft. Sie schrieb nun Skizzen aus der Kindheit, den heute noch lesbaren Roman „Jungfer Mutter“, einen Lyrikband „Aus der Tiefe“. Die „Lieder einer Verlorenen“ kauften sie und ihr Mann auf. Weniger ihre literarische als ihre Schmierenkomödiantenvergangenheit war ihr peinlich.

Ada Christens Bedeutung liegt darin, daß sie den Mut zu ihrem Lebensbekenntnis hatte. Sie hat den Lesern ihr blutendes Herz dargebracht und natürlich ihre „Sündenfälle“. Und sie hat in den besten Stücken dafür einen schlichten, aber ans Herz greifenden Ton gefunden:

„Dein Vers hat nicht das rechte Maß“,
So will man mich verweisen,
„An Fluß und Glätte fehlt es ihm“,
Und wie sie's sonst noch heißen.
sie zählen an den Fingern ab,
Verbessern zehnmal wieder.
Ich leg die Hand auf mein blutendes Herz,
Was das sagt, schreib ich nieder.

Die sozialen Motive spielen eine wichtige Rolle. Sie hat dem romantischen Seelenschmerz der reichen Damen die wirkliche Not gegenübergestellt:

All euer girrendes Herzeleid
Tut lange nicht so weh
Wie Winterkälte im dünnen Kleid,
die bloßen Füße im Schnee

All eure romantische Seelennot
Schafft nicht so herbe Pein,
Wie ohne Dach und ohne Brot
Sich betten auf einen Stein.

Nach einem Mißerfolg mit einer dramatisierten Erzählung im Volkstheater verstummte Ada Christen. Die Verhältnisse gestatteten ihr, daß sie ihr Herz- und Nervenleiden im Ausland behandeln konnte. In den letzten Jahren verbrachte sie die Winter in Venedig oder an der Riviera. Am „Einsamhof" in Inzersdorf empfing sie nur mehr die engsten Freunde. Die Frau, die mit ihrem sozialen, weiblichen Notschrei die Gesellschaft geschockt hatte, wartete als eine kränkelnde vornehme Dame, die mit aristokratischen Damen Briefe tauschte, auf ihren Tod.

Balduin Groller

Geboren 1848 in Arad
Gestorben 1916 in Wien

Der österreichische Sherlock Holmes heißt Dagobert Trostler und hat seine Kriminalfälle vor einem dreiviertel Jahrhundert in Otto-Wagner-Villen in Wien gelöst. Erfunden hat ihn der Wiener Journalist Balduin Groller, der im Revolutionsjahr 1848 im Süden der Monarchie, in Arad, wo man ihn heute noch als Lokalberühmtheit beansprucht, als Adalbert Goldscheider geboren wurde. Neben den sechs Bänden über „Dagobert Trostlers Taten und Abenteuer", die 1910–1912 erschienen sind, hat er neben anderen erzählenden Büchern noch einen Roman geschrieben, den man weniger einen Krimi als einen Roman über einen Kriminalfall nennen würde. Er heißt „Schuldig" und erzählt, wie ein genialer Maler aus Geldgier zum Raubmörder wird.

Dagobert Trostler ist ein Hobbydetektiv wie Lord Peter Wimsey. Ein Mann aus reichem Haus mit amouröser Vergangenheit und Gegenwart, der das Detektivspielen als eine brotlose Kunst betreibt. Aber absolut wissenschaftlich, nach den neuesten Methoden, die damals von Lombroso bekannt gemacht worden waren. Jedenfalls ist er der altmodischen Wiener Polizei immer einen Schritt voraus.

Er ist ein Detektiv des wissenschaftlichen Zeitalters, aber mit individualistischer Lebensform. Ein exakter Denker, aber kein Ideologe der Kriminalistik. Er bildet sich keineswegs ein, daß durch seine scharfsinnigen Schlüsse die Rätsel der Welt gelöst werden können. Was er zuwege bringt: eine kleine Erpresserin oder ein Schmuckdieb werden gefaßt.

Er vertraut auf den Zufall und hofft auf das Glück, das ihm natürlich zur Seite steht. Ein typischer Österreicher in seinem skeptischen Realismus. Ein sehr galanter Detektiv. Ein Cousin von Anatol, in dessen guter Gesellschaft auch die Kriminalfälle spielen. Die Übeltäter sind falsche Aristokraten, als Dienstboten eingeschlichene Kriminelle. Immerhin spürt man, daß diese Neureichengesellschaft der frisch Geadelten ihre Brüche hat. Groller zeigt, was man ihm auch übel genommen hat, daß in dieser guten alten Zeit der erfolgreichen Männer und schönen Damen auch gestohlen und betrogen worden ist. Aber was seine bürgerlichen und aristokratischen Leser gestört hat, daß ihresgleichen hier in Kriminalfälle verwickelt wurde, macht heute einen zusätzlichen nostalgischen Reiz der Detektivgeschichten des Dagobert Trostler aus.

Er ist selbst die ideale Verkörperung dieser Gesellschaft. Einer, der alles weiß und kann. Er ist in der Graphologie ebenso bewandert wie in der Musik, er weiß, woher ein Tabakkrümel kommt und was ein Rudolf-Alt-Bild wert ist. Wenn man nicht wüßte, daß Engländer keine Fremdsprachen lernen und Dorothy L. Sayers kaum kontinentale Detektivgeschichten gelesen hat, könnte man glauben, Lord Peter Wimsey sei die aristokratische Nachahmung des gutbürgerlichen Dagobert Trostler. Wie Wimsey ist Trostler in jeder Lebenslage Kavalier. Ludwig Plakolb, der 1967 eine Auswahl aus Trostlers Kriminalfällen herausgegeben hat, meinte, daß er die schöne Detektivkunst überhaupt nur betreibe, um eine Dame seines Herzens zu unterhalten, der er beim kleinen Schwarzen seine Geschichten erzählt. Denn wenn er nicht Verbrechen löst, ist der notorische Junggeselle Hausfreund aus Berufung.

Als Detektiv verfährt er elegant. „Ich beschloß, es elegant zu machen", erzählt Dagobert einmal. „Dagobert macht alles elegant", stellt die Dame sofort fest.

Man fragt sich nur, wie dieser Mann überhaupt an das Verbrechen gerät. Aber vielleicht darf man es symbolisch nehmen, daß die Idealverkörperung dieser Gesellschaft nichts anderes zu tun hat, als ihre Auflösungserscheinungen zu konstatieren.

Balduin Groller war ein angesehener Journalist, der die Blätter von der „Gartenlaube" bis zum „Neuen Pester Journal" mit Feuilletons belieferte. In Wien wurde er Chefredakteur der „Neuen Illustrierten Zeitung". Die Literaturgeschichte von Castle, die ihm nicht wohlgesonnen ist, reiht ihn unter „Literarisches Schaffen in Ungarn" ein. Das ist gar nicht so unrichtig. Denn Groller hat das, was die ungarischen Unterhaltungsschriftsteller haben, die spritzige Leichtigkeit. Sie wird zwar verlangt, aber gering geachtet. Als journalistische Massenware im übelsten Sinne des Wortes wird da das erzählerische Werk eines Autors abgekanzelt, den man immerhin nach fast einem Jahrhundert noch lesen kann, was man den wenigsten von der Kritik und Literaturwissenschaft gerühmten Schriftstellern seiner Zeit nachsagen kann.

Dagobert Trostler ist nicht nur einer der originellsten, er ist einer der ältesten Detektive der Weltliteratur. Wir sollten ihn darum nicht weniger achten, weil er ein Wiener ist. Als Engländer wäre er ohnehin längst berühmt. So kennen ihn nicht einmal die Verfertiger von Geschichten des Detektivromans.

Im Wien seiner Zeit war Groller sehr wohl angesehen, wofür seine Mitgliedschaft bei der Kunstkommission des k. k. Ministeriums für Kultur und Unterricht und seine Auszeichnung mit dem Ritterkreuz des Franz-Joseph-Ordens zeugt. Er war auch ein geschätzter Leitartikler, Kunstkritiker und eine „internationale Autorität auf dem Gebiet sportlicher Körperkultur", also ein Vorläufer und Vorkämpfer des Sportjournalismus. Geachtet und gefürchtet zugleich war er als Vorkämpfer des Weltfriedens. Als Pazifist war er ein Förderer von Bertha von Suttner, die in ihren Memoiren eine hübsche Charakterisierung von ihm gibt:

„Einen sehr lieben Umgang besaßen wir in Balduin Groller,

mit dem wir schon vom Kaukasus aus brieflich Freundschaft geschlossen hatten – eine Freundschaft, deren Treue bis heute nicht gewankt hat. Humor und Herz, das sind Eigenschaften, die Balduin Groller als Feuilletonisten und als Menschen charakterisieren. Daher man in seiner Gesellschaft sich vortrefflich amüsiert und so wohlig fühlt dabei; man lacht über den trockenen Witz und labt sich an dem warmen Gemüt. Daß er ein hübscher, dunkeläugiger, eleganter und sprachgewandter Mann war, verdarb nichts. Dabei hatte er uns ebenso lieb wie wir ihn, und es waren köstliche Abende, die wir vier – Groller hatte ein allerliebstes Frauchen – miteinander bei Speise und Trank verplauderten."

Grollers Detektivgeschichten von Dagobert Trostler erinnern auch an ein wichtiges österreichisches Buch, allerdings nicht der Literatur, sondern der Kriminalistik. Trostler beruft sich auf Dr. Hans Gross, dessen „Handbuch für Untersuchungsrichter" 1893 einen Markstein der Kriminalistik bildete. Eine letzte Auflage ist noch 1954 unter dem Titel „Handbuch für Kriminalistik" von Gross, Seelig erschienen.

Kriminalistik und Detektiv entwickeln sich Hand in Hand. Wir Österreicher waren wieder einmal Avantgarde auf einem Gebiet, auf dem wir heute nicht einmal mehr mitgezählt werden.

Karl Emil Franzos

Geboren 1848 in Czortkow
Gestorben 1904 in Berlin

Geburtsort und Sterbeort sind symbolisch: Von Ostgalizien nach Berlin. Wien war eine Zwischenstation vom Ghetto zur Aufklärung, aber eben deshalb, weil hier das Ghetto und die Emanzipation in einer seltsamen Legierung präsent waren, die Hauptstation seines Lebens. Ist Franzos vergessen? Es gibt immer wieder einmal eine seiner schönen Erzählungen oder auch ein Stück aus seinen Kulturbildern aus dem alten Österreich. Aber dann läßt man ihn wieder links liegen. Franzos ist als Autor ebenso interessant wie als Persönlichkeit des kulturellen Lebens seiner Zeit. Ein galizischer Jude, der sich zur Emanzipation bekennt, sie in zahlreichen Erzählungen zu popularisieren versucht, der immer wieder die Flucht aus dem Ghetto schildert, aber auch ein Westler, der dabei, ohne es sich ideologisch einzugestehen, seinem Judentum wieder näher kommt. Interessant ist seine Vorliebe für die damals Ruthenen genannten Ukrainer, die in den Städtchen Galiziens und der Bukowina mit den dominierenden Polen, den unterdrückten Juden und der deutsch-österreichischen Beamtenschaft zusammenlebten.

Sein Geburtsjahr 1848 ist fast ein Symbol. Sein Vater war Arzt und in der Jugend Burschenschaftler in Erlangen. Franzos ist in einem aufgeklärten Haus aufgewachsen. Er wurde in einem polnisch-ruthenisch-jüdischen Städtchen deutsch aufgezogen und von einem lateinischen Kanonier in einem Dominikanerkloster unterrichtet. Kanoniere hießen im Nachmärz die in Strafkompagnien verschickten rebellischen Studenten. Seine Jugend hat er in Czernowitz verbracht und hier eine andere Ostprovinz der Donaumonarchie mit nationaler und religiöser Unterdrückung am eigenen Leib erlebt. Studiert hat er in Wien und Graz und dabei als deutschnationaler Burschenschaftler erlebt, was es heißt, Jude zu sein. Er konnte nicht, wie er wollte, klassische Philologie studieren, weil Juden damals für das Lehramt nicht zugelassen wurden, und mußte auf seine christliche Verlobte verzichten. Und hatte damit gleich das Thema für seine erste Erzählung „Das Christusbild“. Der Held ist er selbst, der begabte Jude, „der über die Ghettoschranke hinausstrebt in die Welt der Bildung, der Geistesfreiheit und Duldung, aber erfahren muß, daß es aus dem Ghetto seiner Abstammung kein Entrinnen gibt“. In seiner ersten Geschichte läßt Franzos den Juden mit jugendlichem Entsagungspathos in seine arme Welt zurückkehren. Wie ja überhaupt seine im Verzicht und im Mißerfolg endenden Geschichten dem streitbar vertretenen Glauben an die Emanzipation widersprechen. Auch seine zweite Erzählung „Esterka Regine“ greift die eigene Familiengeschichte auf, die durch die Bindung der Mutter an die jüdische Familie verhinderte Auswanderung des Vaters nach Deutschland.

Franzos wurde ein beliebter Novellenlieferant für die „Gartenlaube“, „Westermanns Monatshefte“, „Über Land und Meer“ und ähnliche Blätter. Bis 1887 lebte er in Wien, ein geschätzter Mitarbeiter der „Neuen Freien Presse“, für die er die später unter dem Titel „Aus Halbasien“ auch in Buchform veröffentlichten Kulturbilder aus den östlichen Kronländern der

Monarchie schrieb. Durch seine erste Novellensammlung „Die Juden von Barnow“ festigte er seinen literarischen Ruf, mit der Herausgabe des „Deutschen Dichterbuches aus Österreich“ schuf er sich 1883 die literarischen Verbindungen und durch die Edition der Werke Georg Büchners, an der er von 1876 bis 1879 arbeitete, erwarb er sich ein Verdienst, das man über den philologisch sicherlich besseren späteren Ausgaben nicht vergessen darf. 1887 ging er nach Berlin, wo er bis zu seinem Tod die von ihm begründete angesehene Zeitschrift „Deutsche Dichtung“, ein Sammelbecken der damaligen Literatur, herausgab.

Den Geschichten über „Die Juden von Barnow“ sind noch zahlreiche Novellen aus dem „erbärmlichen schmutzigen Nest“ gefolgt, darunter die zwei bedeutendsten „Moschko von Parma“ und „Der Pojaz“. Geschichten aus dem Ghetto hat es schon vor Franzos gegeben. Er unterscheidet sich von den jiddischen Erzählern dadurch, daß er nicht für die galizischen Juden, sondern für ein westliches Publikum geschrieben und dabei wohl auch ein wenig idealisiert hat. Nicht die Ghettowelt, aber die Vorzüge der Emanzipation, die Chancen der Juden durch den bewunderten deutschen Idealismus, durch Aufklärung und Fortschritt.

Am schlüssigsten hat Franzos diesen Glauben an die Freiheit und ihre Grundlage, das in seiner ostgalizischen Heimat häufig mit Füßen getretene Recht, in seinem Roman „Der Kampf ums Recht“ dargestellt. Der Titel ist dem Vortrag entlehnt, mit dem der Rechtsgelehrte Rudolf von Ihering 1871 in der Juridischen Gesellschaft in Wien Aufsehen erregt hat. Franzos erfand eine Michael Kohlhaas-Geschichte, die folgerichtig in die Gründung einer Bande mündet: Galizische Landguerilla. Das 19. Jahrhundert war das Zeitalter der edlen Räuber. In Galizien hießen sie Hajdamaken. Vierzig Jahre vorher hatte sie schon der urkrainische Nationaldichter Taras Schewtschenko bedichtet. Sacher-Masoch hatte darüber eine Novelle geschrieben. Bei Franzos sucht Taras Barabola, der Dorfrichter von Zulawce, Recht gegen den Landraub des Mandatars des Grafen. Als er es in Kolomea und auch in der zweiten Instanz in Lemberg nicht findet und auch die Reise zum Kaiser nach Wien kein Ergebnis zeitigt, ja „fernere Behelligungen der Gerichte in dieser Causa“ von Wien aus verboten werden, das Unrecht also in Rechtskraft erwachsen ist, greift er zur Selbsthilfe. Er nimmt mit einer „rasch anwachsenden Bande den Kampf gegen jegliches Unrecht im Lande auf". Franzos erzählt auch den unausweichlichen Untergang des Dorfrichters, aber wichtiger war ihm und wohl auch den Lesern der folgerichtig zum Partisanenkrieg anwachsende Widerstand des Volkes gegen eine Unrechtsherrschaft.

Mindestens ebenso interessant wie seine Erzählungen und seine Romane sind für unsere dokumentensüchtige Zeit seine Skizzen aus Altösterreich, die er in mehreren Bänden gesammelt hat: „Aus Halbasien", „Vom Don zur Donau" und „Aus der großen Ebene". Da stehen Erinnerungsbilder, Landschaftsschilderungen, Anekdoten neben der Polemik gegen die Engstirnigkeit der orthodoxen Juden, gegen die Herrschsüchtigkeit der polnischen Magnaten, gegen die Intoleranz der Antisemiten, gegen die ganze k. k. Reaktion. Hier findet man auch den Satz: „Jedes Land hat die Juden, die es verdient". Hier steht auch die für den humanen Idealismus von Franzos typische Skizze von den fünf Schiller-Exemplaren in Barnow, deren zerlesenstes Exemplar sich ein katholischer Priester, ein ruthenischer Schulmeister und ein Ghettojude teilen.

Es gibt kaum ein Werk, aus dem man so viel aus dem alten Österreich erfährt wie aus diesen Feuilletons. Sie sind nicht zuletzt durch die liebevolle Darstellung des Lebens, die kämpferische Polemik gegen Rückständigkeit und den nationalen Kampf aller gegen alle, aber auch durch die damals bahnbrechenden Aufsätze über die Literatur und Kultur der Ruthenen und Rumänen interessant. Dem „Markttag in Barnow" folgen Abhandlungen über die Literatur der Kleinrussen, über rumänische Sprichwörter. Noch an dem zwiespältigen Lob Eduard Castles dafür, daß Franzos hier gezeigt habe, daß „in den Rumänen, obwohl sie die Nachkommen eines nationslosen, oberflächlich romanisierten Völkergemenges sind, doch auch Tüchtiges und Brauchbares stecke, und alles Unzulängliche und Schlechte nur der kosmopolitischen Scheinkultur zu danken sei", erkennt man die Notwendigkeit dieses Aufklärungs- und Emanzipationswillens, der bei Franzos zu dem heute nur mit Schrecken zu lesenden Schluß geführt hat, der Judenhaß würde sterben, wenn es kein jüdisches Volk mehr gibt.

Eduard Pötzl

Geboren 1851 in Wien
Gestorben 1914 in Mödling

Das Wiener Feuilleton ist ausgestorben, wenngleich nicht vergessen. Das gilt von dem intellektuellen Feuilleton der Fin-de-siecle-Generation ebenso wie von dem volkstümlichen Wiener Sittenbild. Vergessen, wenn auch gelegentlich einmal eine Volksfigur für eine Anthologie ausgegraben wird, ist das weit verzweigte Genre der humoristischen Wiener Skizze, dessen Blütezeit mit der Ausbreitung einer populären Presse zusammenhing.

Der Ahnherr war Friedrich Schlögl. Seine zwei Nachfolger waren Vinzenz Chiavacci und Eduard Pötzl. Und dann gab es da natürlich eine Legion von Wiener Humoristen, journalistischen Genrebildmalern, von den Volksstückschreibern C. Karlweis und Rudolf Hawel über Otto Tann-Bergler und Alfred Forschneritsch bis zu Fritz Stüber-Gunther und Rudolf Stürzer. Ich habe Pötzl ausgewählt, weil er einen neuen Ton in den Humor des Wiener Feuilletons gebracht hat, die spöttische Ironie, weil er bewußt den Dialekt als Stilmittel eingesetzt hat und der erste war, der Spießersatire für Spießer geschrieben hat. Wobei es natürlich eine müßige Streitfrage bleibt, ob er aus der Mentalität der sogenannten guten alten Zeit heraus geschrieben, ob er sich seinem Publikum angebiedert oder ob er es angeprangert hat.

Eduard Pötzl ist 1851 in Wien geboren und 1914, sozusagen mit der Zeit, deren humoristischer Chronist er war, gestorben. Er war viele Jahre Leiter des Feuilletons im Neuen Wiener Tagblatt. Seine gesammelten Skizzen füllen 18 Bände, übrigens entzückende kleine Bändchen, winzige Broschüren, denen gegenüber sich ein Taschenbuch wie ein Riese ausnimmt, mit einer Zeichnung einer Volkstype von Theo Zasche am Titelblatt. Ein Wiener Buchhändler, den die Hitlerzeit nach Cosenza verschlagen hat, hat im südlichsten Teil Italiens Ende der sechziger Jahre einen photomechanischen Nachdruck veranstaltet. Er war zu früh dran. Es gab damals noch keine und geschweige denn eine literarische Nostalgiewelle.

Die Historiker schätzen Schlögl mehr als Chiavacci und Pötzl. Er ist der Klassiker des Genres. Sein Vorstadthäuptling, wie ihn Kürnberger genannt hat. Was uns heute nicht mehr so gut an ihm gefällt, ist das Oberlehrerhafte, die ständige sittliche Forderung und Belehrung. Er war der Sittenschilderer im strengsten Sinne des Wortes. Er erfand nichts, er beschrieb genau, was er gesehen und gehört hatte. Er gab in „Wiener Blut" und „Wiener Luft" ein getreues Bild des Wiener Volkslebens.

Aber die Kaiserstadt machte einen rasanten Wandel durch, der seinen äußerlichen Ausdruck im Fall der Basteien fand. Das Wahrzeichen des neuen Wien wurde die Ringstraße. Schlögls bürgerliche Hausherren und Fabrikanten vom Schottenfeld und Brillantengrund starben aus oder gingen zugrunde. Die neue Zeit brachte auch einen neuen Humor. Und einer der Realisten dieses neuen Humors war Pötzl. Seine „Wiener sind bürgerliche Spießer – und zwar seine eigenen Leser", schrieb Rudolf Holzer, einer der besten Kenner des Wiener literarischen Volkshumors. „Gerade nur so viel maskiert, daß jeder glauben konnte, es gehe seinen Freund und nicht ihn an. Pötzl besorgte den Humor eines bestimmten neuen bürgerlichen Kreises: der gutsituierten Gewerbetreibenden, des soliden Geschäftsmannes, mittleren Beamtenstandes, jenes breiten Wienertums, das seit Jahrhunderten – auch nach dem Fall der Basteien – im neuen Wien rückständig geblieben war, das – trotz 1848, Parlament, Parteiprogramm, – ob konservativ, liberal, antisemitisch, sozialistisch – ‚seine Ruah' haben wollte. In seinen geistigen Bedürfnissen bescheiden, ja verstockt. Pötzl, dieser ‚kompakten Majorität' scheinbarer Wortführer, war ihr schärfster, unerbittlichster, echtester Moralist und Chronist. Er besaß zeitgeschichtliche Ethik: indem er dem Spießer zu Gefallen redete und schrieb, merkte der gar nicht, daß ihm ‚sein' Humorist das Porträt eben eines – Spießers – vor Augen hielt".

Jeder Wiener Humorist mußte eine ständige Figur schaffen, wenn er sich wirklich durchsetzen wollte. Das war im Feuilleton nicht anders als auf dem Theater. Chiavaccis bis heute sprichwörtlich bekannte Erfindung sind der Herr von Adabei und die Frau Sopherl. Pötzls Held in dieser Galerie des Wienertums war Gigerl, ein Stutzer und Frauenheld, der eine echte Volkstümlichkeit erlangte. Ihm hat er den Philister und Kleinbürger Nigerl gegenübergestellt. Nigerl und seine Freunde, der Scheibenpflug-Karl, der Plaimschauer-Pepi oder der Kratinger-Ferdl waren nicht mehr reiche Nobelbürger vom Grund, waren aber auch nicht Volk, denn „Nigerl macht einen dicken Trennungsstrich zwischen sich und den Proletarier. Der ist in ihren Augen ein ‚Zuagraster'. Widerwillen und Verdacht hegen sie aber auch gegen die ‚Faden', ‚Ganzg'scheiden', die ‚Gebüdeten'".

Von seinem Kollegen Friedrich Schlögl und Vinzenz Chiavacci unterscheidet sich Pötzl nicht zuletzt durch den direkteren und bewußteren Einsatz des Dialektes. Pötzl ist keineswegs ein Dialektdichter, er setzt die verschiedenen Nuancen der Umgangssprache ein, um die Menschen, die sie sprechen, zu charakterisieren. Kein kompakter Dialekt, sondern ein sprachliches Ebenbild des Wiener Lebens. Bewußter Gebrauch der Umgangssprache, den er als Gerichtssaalberichterstatter gelernt hat.

Er war ein Humorist, der Situationen ausgekostet hat bis zur Schadenfreude, bis zur wienerischen Neigung des Heruntermachens, Auslachens, der aber auch Charaktere mit feinen psychologischen Zügen ausgestattet hat. Das Wien des Wienerliedes steht da auf: „Rund um den Stephansdom“ heißt ein Band, „Herr Nigerl und solche Sachen“ ein anderer. Er hat „Die Leute von Wien“ und „Stadtmenschen“ beschrieben. Schlögl, Pötzl und Chiavacci haben als erste von Stadtmenschen erzählt. Sie sind nicht wie die anderen, um zu schreiben, wie das Volk spricht, aufs Land gezogen, sie haben die Städter geschildert, Wiener aus allen Gesellschaftsschichten, am liebsten natürlich den Kleinbürger vom Grund mit seinem Mutterwitz und seinen dumpfen Vorurteilen.

Der Gigerl hat auf die Dauer gegenüber dem Nigerl nicht bestehen können, diesem Nigerl, der zwar seine Spitznamen gewechselt, aber die Herrschaft über die Stadt nicht mehr abgegeben hat. Bei Pötzl beginnt die Wiener Kleinbürgersatire, wenn die Feuilletonisten von damals natürlich auch viel freundlicher zu ihren Lesern waren als heutzutage bürgerliche Kritiker des Bürgers gegenüber ihrem Bürgerpublikum.

Ein Kuriosum der Wiener Literaturgeschichte: Während Hermann Bahr im „Neuen Wiener Tagblatt“ die Losungen der Moderne ausgab, kämpfte Pötzl als ein Herr Nigerl gegen alles Moderne.

Was ihm seinerzeit vorgeworfen wurde, könnte man ihm auch hoch anrechnen. Er hat sein Genre nie verlassen. Er hat für die Zeitung geschrieben. Keine seiner Skizzen überschreitet den Umfang, der damals einer humoristischen Skizze zugebilligt worden ist. Pötzl wollte seine Leser unterhalten. Um fast jeden Preis. Wenn sich der Humor nicht einstellte, dann mußten ihn journalistische Pointen ersetzen. Aber die Tagesereignisse, auf die er einging, boten in dieser Umbruchszeit Gelegenheit mehr als genug, auf Kosten der anderen zu lachen.

Ich halte Pötzl für den ehrlichsten der Wiener Humoristen. Er macht nichts vor, er weint keiner guten alten Zeit nach und beschwört keine bessere neue Zeit. Er zeigt uns unverfälscht den wahren Wiener. Wen wundert es, daß wir da heute gelegentlich erschrecken. Der Nigerl ist ein „Herr Karl“ des ausgehenden 19. Jahrhunderts, die Horvath-Figuren begegnen uns hier im Kostüm der Gründerzeit, und Pötzl mischt sich unter sie, wenn er, um seinen Lesern eine Hetz zu bieten, gegen Klimts Bilder hetzt.

Jakob Julius David

Geboren 1859 in Mährisch-Weißkirchen
Gestorben 1906 in Wien

Jakob Julius David waren in Eduard Castles Geschichte der deutschen Literatur in Österreich-Ungarn noch zwanzig Seiten gewidmet. Er stand gleichberechtigt neben Saar, der Ebner-Eschenbach, neben Kürnberger, Anzengruber, Rosegger. Josef Mühlberger, der die alttestamentarische Wucht seiner Erzählungen rühmt, vergleicht David mit zwei anderen Mährern, dem Bildhauer Anton Hanak und dem Komponisten Leos Janacek. Erich Schmidt, einer der angesehensten Germanisten seiner Zeit, der auch Davids Erstlingsroman „Das Höferecht" zur Buchveröffentlichung verholfen hat, gab nach seinem Tod gesammelte Werke in sieben Bänden bei Piper in München heraus. Die Frage liegt nahe: ist sein Werk untergegangen, oder ist es zu Unrecht vergessen worden?

Ich fürchte, sein Werk ist nicht zu retten. David ist als literarische Erscheinung seiner Zeit interessant. Interessant sind seine Themen, seine Ansichten, seine Neigungen. Interessant ist seine Überschätzung.

Thematisch könnte jedes seiner Werke unser Interesse erwecken. Aber stilistisch war er seiner Zeit verhaftet. Was noch in neueren Literaturgeschichten als lapidare Sprache ohne Umschweife gerühmt wird, erweist sich bei der Lektüre als wortreiche Beschreibungsliteratur. In dem ersten Prosaband der großen Anthologie der „Dichtung aus Österreich" steht seine Erzählung „Woran starb Sionida?", eines seiner besten Stücke, neben der Ebner-Eschenbach. Die braucht nur einen Einleitungssatz, um das Thema anzuschlagen, das Milieu abzustekken, das Interesse des Lesers zu wecken. David ergeht sich in Beschreibungen der Art, die man zu seiner Zeit feinsinnig nannte. Ich gebe ein keineswegs böswilliges Beispiel: „In den Gründen lag ein feines Blauen und klomm zart und unbestimmt höher und höher. Wir schritten bergabwärts, es rauschte leise im Geäst, und ein später Vogel rief durch das Raunen einen kurzen hastigen Ton. Wir kamen zum Kurhause; schon schimmerten seine vielen Lampen und brachen Gassen Lichtes in das ernstere Dunkel . . ."

David steht hier für eine Generation von sogenannten realistischen Erzählern, deren Erzählstil uns ebenso altmodisch wie ihre beschreibungssüchtige Prosa erscheint. Das ist schade, weil sie uns etwas zu sagen hätten, Jakob Julius David, in vielem ein Mitläufer, ist auch ein Vorläufer als sozial reagierender Entdekker und Beschreiber des Großstadtelends, als einer, der vom „Zwangsverlauf im Triebleben und im Schicksal des einzelnen überzeugt" ist, dem aber nicht den schlüssigen Ausdruck zu geben versteht wie zu gleicher Zeit der von den Zeitgenossen als weichlich und sozial irrelevant verschriene Arthur Schnitzler. David interessiert als Beispiel der Assimilation. Seine Eingliederung in die deutsche Kultur, in die österreichische Gesellschaft hat er mit dem Übertritt zum Katholizismus besiegelt. Er bietet auch eine neue Facette im nationalen Zusammenleben der Donaumonarchie. Für ihn, der aus dem Provinzjudentum kam, gab es den damals vehement ausbrechenden Gegensatz zwischen Deutschen und Tschechen in Mähren kaum.

David hatte eine schwere Jugend, die ihn und sein Werk geformt hat. Er ist in Mähren geboren, sein Vater, ein jüdischer Mautpächter, ist bald an Cholera gestorben. David hat seine Gymnasialjahre in mährischen Kleinstädten als Kostgänger bei Verwandten verbracht, ein Leben mit ständigen Demütigungen für den sensiblen heranwachsenden jungen Menschen. Dann war er ein bettelarmer Student in Wien. Es wird behauptet, daß er unter Bahnübergängen übernachten mußte und eine Art Clochardexistenz geführt hat.

Er hat dann bei verschiedenen Zeitungen geschrieben und eine gute Zeit als Hauslehrer bei dem Bildhauer Natter verbracht. Zu dieser Zeit haben auch seine Bücher schon etwas eingetragen.

Seine Themen waren das geistige Proletariat in Wien und im Rückblick in die Kindheit die Verklärung der Hanna, der fruchtbaren mährischen Ebene. Schauplatz seiner zwei ersten Romane war das sogenannte Kuhland östlich der March. Er hat zeitlebens immer wieder Geschichten geschrieben, die in dieser mährischen Landschaft spielen, von der es einmal heißt: „Die Erde ist tief, fett und schwarz, wie Butter aufs Brot zu streichen“. Wenn da auch die slawisch-heidnische Mittagsgöttin beschworen wurde, Heimatidyllen hat er keineswegs geschrieben. Verhängnis und Tragik bestimmen die Erzählungen.

In seinen Wiener Romanen beschreibt er ein proletarisches Wien, vor allem der geistigen Proletarier. Es ist ein Wien der tristen Mietskasernen. „Ich habe drei Jahre lang von trockenem Brot gelebt,“ sagt eine seiner Figuren, „mich können Sie nicht so leicht niederzwingen.“

Soziales Elend ist überhaupt eines seiner Motive. „Das Leid der Armen, Verderbten, erstand mir klagevoll –/ Indes der Haß der Enterbten, in meine Seele quoll“. „Am Wege sterben“ heißt beziehungsvoll eines dieser Bücher. Fünf Studenten kommen aus dem Böhmisch-Mährischen nach Wien. Vier gehen zugrunde, einer resigniert als Armenarzt in Ottakring.

Da gibt es keine fröhliche Kaiserstadt und auch keine elegante Neoromantik. Sogar die Witterung ist in diesen Romanen und Erzählungen abweisend, ob er nun eine Eisstoßnacht an der Nußdorfer Schleuse oder eine Winternacht auf der Schmelz beschreibt.

Diese Wiener Sittenbilder sind weitgehend selbst erlebt.

Davids Lob haben viele seiner Zeitgenossen gesungen, alle

aber mußten Einschränkungen machen. Da schwelgt Rudolf Latzke in der Charakterisierung seines zweiten Wiener Romans „Übergang", der Anzengruber nachempfunden ist: „Die große Schlußabrechnung der Mutter Kathi mit ihrem Mann an der Leiche des Sohnes wächst freilich über das lokal Gegebene hinaus; vielbewundert, gewiß wirkungsvoll, scheint sie genauer besehen doch mehr ein rhetorisches Prunkstück".

Genauer besehen, bleibt auch von den Dramen Davids nicht viel übrig. Sie kamen am Burgtheater und Volkstheater heraus, verschwanden aber rasch wieder. Und Arturo Farinelli, der im Grillparzer-Jahrbuch den großen Nachruf „J. J. Davids Kunst" schreibt, muß zugeben, „reiche und verwickelte Handlungen hat der Dichter nicht ersinnen können", und mutmaßt, daß er das auch gar nicht wollte, weil „das intuitive, plötzliche Erhellen der verborgensten Winkel der Menschenseele, des Künstlers höchste Gabe" sei, wiewohl auch „die feinste Seelenmalerei für die mangelnde Handlung in rasch hingeworfenen kleinen Erzählungen nicht entschädigen könne . . . Es ist etwas zu Geringfügiges belauscht und wiedergegeben worden. Und es ist Sache der künftigen Sammler und Neuherausgeber der Werke Davids, das Minderwertige und Wenigbesagende von dem ewigen Bestande der reinen Kunst zu scheiden."

Wenn man die David-Würdigungen durchnimmt, ein großes Lob aus lauter kleinen Abstrichen.

Ein Text Davids könnte uns interessieren. Er ist früh gestorben, im Alter von 47 Jahren ist sein durch die langen Entbehrungen geschwächter Körper zusammengebrochen. Noch am Totenbett hat er seine Halluzinationen aufgezeichnet.

Ein sorgsamer Editor könnte einen Band zusammenstellen, der uns den David der feinstimmigen Kunst erspart und den engagierten, an seiner Zeit und ihrem sozialen Unrecht leidenden David rettet, soferne es der antiquierte Stil seines metaphorisch exzedierenden angeblichen Realismus zuläßt. Die wahren Realisten waren damals längst die aller möglichen Ismen verdächtigten Jung-Wiener. In diesem David-Auswahlband dürfte das autobiographische Porträt des Judenknaben aus dem Roman „Das Blut" nicht fehlen, dieses verprügelten Gemeindekindes, in dem die Sehnsucht nach dem Aufstieg brennt, und das mit seiner Zuversicht alle ansteckt.

Emma Adler

Geboren 1859 in Debreczen
Gestorben 1935 in Zürich

Die Geschichte hat symbolischen Wert. In Nußdorf am Attersee gibt es in der Dorfkirche ein Marienbild, für das die Frau des Chefs der österreichischen Sozialdemokraten Modell gestanden ist. Die Jüdin Emma Adler als Mutter Gottes.

Emma Adler war eine Frau im Schatten ihres Mannes. Das drückt sich noch in ihrem letzten Willen aus: „Als Witwe Victor Adlers ist es mir erlaubt, die Befürchtung auszusprechen, daß man mich nach meinem Hinscheiden in Wort und Schrift verherrlichen wird und mir Tugenden und Talente zugestehen dürfte, die ich nie besessen habe. Ich habe Phrasen schon bei Lebzeiten gehaßt und wünsche, in Ruhe und wortlos der Erde übergeben zu werden." Dieser Wille wurde erfüllt.

War sie wirklich ohne Talente? Vor mir liegen drei von

ihr verfaßte Bände, ein Buch über „Die Frauen der Großen Französischen Revolution“, die Biographie der Jane Welsh Carlyle, eine Broschüre über „Goethe und die Frau von Stein“ und vier von ihr redigierte Bände „Für die Jugend“ und „Bücher der Jugend“ sowie eine Übersetzung des ersten französischen naturalistischen Romans, „Germinie Lacerteux“ von den Brüdern Goncourt. Aufsätzen entnehme ich, daß sie auch aus dem Englischen, Italienischen und Russischen übersetzt hat. Selbst wenn man von der journalistischen Tätigkeit der Redaktion der Jugendbeilage der „Arbeiterinnen-Zeitung“ und der bildungspolitischen Arbeit ihrer Vortragstätigkeit im Arbeiter-Bildungsverein absieht, ist das ein beachtliches literarisches Œuvre, zu dem wahrscheinlich noch das eine oder andere verschollene Opus kommt. Sie hat eine umfangreiche bildungspolitisch ausgerichtete literarische Tätigkeit entfaltet, die Beachtung verdient. Daß sie ihr nicht nach Gebühr entgegengebracht wurde, hängt nicht zuletzt damit zusammen, daß sie von ihren Gesinnungsgenossen, und hier gerade von ihrem Sohn Friedrich Adler, nicht gewürdigt wurde. Man hat fast den Eindruck, daß ihr literarisches Werk ihrem Sohn Friedrich Verlegenheit bereitet hat, weil es nicht den von ihm gesetzten ideologischen Kriterien entsprochen hat. Ihr Buch über die „Frauen der Großen Französischen Revolution“, schreibt er, halte nicht der historischen Kritik stand und noch weniger der politischen. Sie habe sich für die Reaktionäre gleichermaßen begeistert wie für die Revolutionäre, wenn sie nur starke Persönlichkeiten seien. „Was sie interessiert, ist das Schicksal der Menschen, das Biographische, das Psychologische, der Einzelfall.“ Man kann dieses Urteil durchaus auch positiv auffassen.

Emma Adler entstammt einer Familie, in der es an literarischen Begabungen nicht gefehlt hat. Sie war die Schwester von Heinrich Braun, der später ein einflußreicher deutscher sozialdemokratischer Publizist wurde. Dieser war am Akademischen Gymnasium in Wien ein Schulkollege und Freund Sigmund Freuds gewesen, hat Victor Adler mit Karl Kautsky zusammengebracht. Heinrich Brauns Frau Lilly Braun hat ebenfalls historische Monographien geschrieben und ist mit ihren „Memoiren einer Sozialistin“ berühmt geworden. Ihr Sohn, der 1918 im Alter von 21 Jahren gefallene Otto Braun, also Emma und Viktor Adlers Neffe, wurde in der Zwischenkriegszeit als frühvollendete Begabung gefeiert. Seine nachgelassenen Gedichte und Tagebuchaufzeichnungen waren so etwas wie ein Bestseller. Sie sind nach dem zweiten Weltkrieg noch einmal aufgelegt worden.

Emma Adler wurde in Debrecen geboren, weil ihr Vater hier den Streckenbau der Eisenbahn nach Budapest beaufsichtigte. Sie wuchs unter sechs Brüdern als einziges Mädchen auf. Schon in ihrem Jungmädchenzimmer hing das Bild von Lassalle. Im Elternhaus herrschten streng patriarchalische Sitten, alttestamentarisch nannte das ein Biograph. Der Vater war wortkarg, herrisch, streng, die Kinder zitterten vor ihm. Er war im Sommer bereits um vier Uhr morgens, im Winter um sechs Uhr auf der Strecke und erwartete von den Kindern dieselbe Arbeitsdisziplin.

Emma war die Lieblingsschwester Heinrich Brauns, der überzeugt war, daß nur zwei Männer ihrer würdig seien, Friedrich Nietzsche und Victor Adler. Ihre erste Begegnung mit Victor Adler ging streng bürgerlich vor sich. Sie spielte am Klavier Beethoven und er blätterte die Noten um. Dann sprachen sie von Goethe. Die 20jährige Emma Adler wird als seltene Schönheit mit einem Madonnengesicht geschildert. 1878 wurde geheiratet.

Sie wurde Victor Adler eine unermüdliche Mitkämpferin. Hier klingt ein Kapitel Sozialdemokratie an, das noch nicht geschrieben worden ist. Die Historiker unterschlagen den Anteil der Frauen der sozialdemokratischen Führer an der politischen Arbeit und an den politischen Opfern. Emma Braun kam aus wohlhabendem, Victor Adler aus reichem Haus. Er steckte sein Erbe in die Partei. Sie nahm Verarmung, Hausdurchsuchungen auf sich, und als am 1. Mai 1890 die Arbeiter unter Militäraufgebot in den Prater marschierten, legte sie die Kinder ins Bett und ging zur Demonstration.

Bei aller Bescheidenheit muß sie empfunden haben, daß sie, daß die Frauen der anderen Führer im Schatten standen, denn als sie die Biographie der Jane Welsh Carlyle schrieb, hat sie im Vorwort auf das Schicksal von Frauen berühmter Männer angespielt: „Jane Welsh Carlyle ist nicht berühmt geworden. Weit über Verdienst und Talent sind andere in den Vordergrund des allgemeinen Bewußtseins getreten, und mag auch der Glanz dieser Namen rasch verblassen, sie rauben doch für geraume Zeit den Platz denen, die wahrhaften Anspruch darauf erheben könnten. Das Größte ringt sich freilich immer durch. Doch manch eine bedeutende Persönlichkeit bleibt unbemerkt und fällt dem Vergessen anheim, weil ein widriges Schicksal sie hindert, ihre großen Anlagen bis zu den höchsten Möglichkeiten und ihr Wesen bis zur Blüte zu bringen. Gerade die großen, begabten Naturen sind sensitiver, für Schmerz, Verzweiflung und alle Leiden des Lebens viel empfänglicher, sie hüllen sich in eine geheimnisvolle Aura, um ihr Wesen vor unausweichlichem Mißverstehen zu schützen, und verbergen ihre Leiden lieber, als daß sie sich von anderen, die nicht ihresgleichen sind, bedauern ließen. Jane Welsh Carlyle, die Frau von Thomas Carlyle, war mit allen körperlichen und geistigen Reizen von der Natur verschwenderisch bedacht . . . und doch, wie anders ist dieses Leben abgelaufen . . ."

Emma Adler hat nicht nur hier etwas vorweggenommen; auch das Leben der Frau eines berühmten Mannes darstellenswert zu finden und dabei auf Ehemiseren einzugehen, die den Sozialisten ihrer Zeit unwesentlich erschienen sein mögen. Vielleicht war sie sensibel dafür, weil ihr Leben selbst von schweren Melancholien und Nervenkrisen gezeichnet war. Sie war aber auch ihrer Zeit weit voraus, als sie etwas anregte, das erst Jahrzente später im großen Rahmen durchgeführt wurde. Sie hat 1895 Arbeiter und Arbeiterinnen aufgefordert, für ihr „Buch der Jugend" aus ihrem Leben oder ihrem Arbeitsumkreis zu berichten. Eine Spinnerin, zwei Weber, ein Schneider und ein Glasschleifer lieferten Beiträge. Schiller-Seff, der sozialdemokratische Parteidichter wurde dabei entdeckt. „Es wird die Leser gewiß interessieren, zu erfahren, wie Leute, die schon in frühester Kindheit den Kampf ums Dasein aufnehmen mußten und nicht einmal die geringe Schulbildung der heutigen Proletarier-Jugend genossen haben, es so weit gebracht haben, ihre Gedanken so frisch mitzuteilen, daß diese Beiträge zu den besten des Buches gehören." Diese frühen Arbeiterdichter stehen hier neben Karl Henckell, Ferdinand von Saar und Marie von Ebner-Eschenbach. Emma Adler hat Verhaeren und Iwan Franko übersetzt und englische, italienische und französische Märchen nacherzählt. Was diese Bände für die literarische Grundbildung für Generationen von Proletarierkindern bedeutet haben, kann man gar nicht ermessen.

Karl Dallago

Geboren 1869 in Bozen
Gestorben 1949 in Arzl bei Innsbruck

—

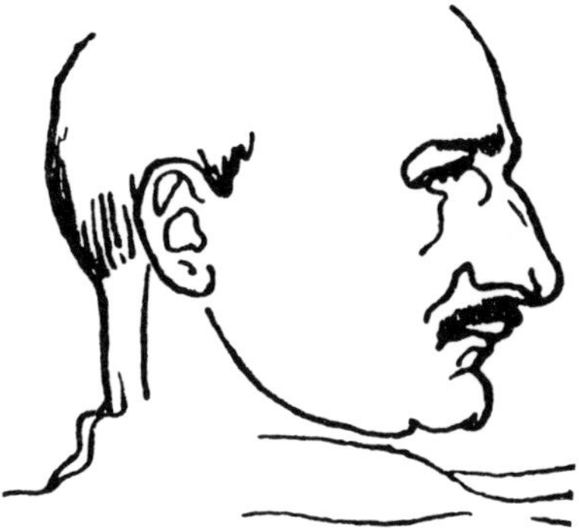

Die Tiroler Zeitschrift „Der Brenner“, in der erstmals die Gedichte Georg Trakls erschienen sind, rückt heute wieder in den Mittelpunkt der Betrachtung. Das Brenner-Archiv in Innsbruck entfaltet eine reiche publizistische Tätigkeit. Dabei ist Karl Dallago nicht zu umgehen. Schließlich hat Ludwig von Ficker die Zeitschrift 1910 als Forum für die Ideen des Tirolers Dallago gegründet. Wir erfahren also über das Verhältnis von Karl Kraus zu Dallago, der den Wiener Satiriker, über den er auch eine Broschüre geschrieben hat, als Vorbild empfunden hat, es werden Vergleiche zwischen Dallago und Heidegger, natürlich zu Ungunsten Dallagos, gezogen. Man kann auch nicht umhin, die Ausbootung Dallagos aus dem „Brenner“ zu erwähnen. Im „Brenner“ standen einander in den frühen zwanziger Jahren Dallago und Theodor Haecker gegenüber. Zwei Richtungen: Der Konvertit Haecker bekannte sich zur Kirche, zum Dogma, zur Hierarchie, Dallago, der poetische Freigeist, der die mystische Einheit von Mensch und Landschaft pries, wollte sein persönliches Christentum. Er hat sich zu Jesus bekannt, aber er mied die Kirche, er kritisierte ihre Weltlichkeit. Ficker entschied sich für Haecker, der ja seinerseits ein großer Polemiker war, dessen vernichtende Suada der von Karl Kraus nicht nachstand. Man kann Dallago nicht übersehen, wenn man die literatur-, kultur- und religionsgeschichtlich so wichtige Rolle des „Brenner" aufarbeitet. Aber die Persönlichkeit Dallagos wird weiter verdrängt, das zivilisationskritische und naturverbundene Beispiel, das er am Beginn des Jahrhunderts gesetzt hat und das uns heute so aktuell erscheint.

Er ist zu früh gekommen. Seine Kirchenkritik, sein spontanes Christentum ebenso wie sein persönlicher literarischer Stil, der Dichtung, Bekenntnis, Polemik und Philosophie verknüpft hat, der von der Naturschilderung in die Religionsbeschimpfung und von der Zivilisationskritik in pure Landschaftspoesie verfallen ist. Dallago hat das vorweggenommen, was die Kirche heute wieder bewegt. Die Kritik der Holl, der Küng steht schon bei Dallago, schärfer, mutiger und damit bewegender, aufwühlender, wahrhaftiger.

Geistig kommt er von Nietzsche her. Später waren seine Vorbilder Kierkegrad, Karl Kraus, Laotse, dessen „Taoteking" er übersetzt und gedeutet hat. Gerald Stieg ließ sich zu der Formulierung hinreißen: „Karl Kraus und Laotse reichen sich in Dallago die Hand". Als er jung war, war er ein leidenschaftlicher Segantini-Verehrer. Überhaupt spürt man in seiner Prosa immer die Höhenluft der Tiroler Berge, in denen er viel gewandert ist und in die er sich schließlich als der große Einsame vor der korrupten Gesellschaft zurückgezogen hat. Was ihm heute noch nicht oder schon wieder nicht verziehen wird: Er war im Zeitalter der Dogmatik zeitlebens ein leidenschaftlicher Antidogmatiker. Während alle um ihn herum irgend einem Dogma verfielen und auch der freie christliche Kreis des „Brenner" von Theodor Haecker dogmatisch vergattert wurde, hat er allem Dogmatischen, allem Offiziellen mißtraut als ein Verteidiger der Einsamkeit des Menschen und seines Rechtes auf Gefühle, auch auf sexuelle Verwirklichung.

Die Grundzüge von Dallagos Philosophie des Lebens finden, wie Allan Janik formulierte, ihren Ausdruck „in seinen Polemiken gegen eine übermäßig intellektualisierte korrupte städtische Gesellschaft", wobei er sich mit Karl Kraus traf, und in einem „Aufruf zu einem naturnahen Leben der Spontaneität". Janik führt das auf Dallagos Biographie zurück. Da er sich als Katholik in Österreich nicht scheiden lassen konnte, zog er sich mit seiner jungen Geliebten aus der Gesellschaft in die Natur zurück.

Man wirft ihm unterschwellig bis heute vor, daß sein Individualismus, der sich auch in der Sexualität ausdrückte, aus seiner Isolierung durch die konformistische Gesellschaft, die katholische Morallehre und die in ihnen ausgedrückte sexuelle Repression entstand. Der Skandal ist noch immer nicht verwunden, daß er die Flucht in die Natur antrat, den Rückzug in die Berge, um hier „ohne die Eingriffe der Ideologien und Institutionen zu leben, die unser Menschentum pervertieren".

Sein Hauptwerk heißt „Der große Unwissende". Es ist 1924 im Brenner Verlag in Innsbruck erschienen. Er hat zwölf Jahre daran gearbeitet. Dallago geht vom Naturerlebnis aus und landet immer wieder bei seinem leidenschaftlichen Bekenntnis zu einer freien, spontanen Religiosität. Wäre er Amerikaner, er wäre heute so berühmt wie Thoreau, an den er nicht nur geistig, sondern auch in der literarischen Bewältigung stark erinnert.

Der Beginn des Buches könnte von einem Aussteiger von heute geschrieben worden sein:

„Ich ruhe auf kurzem büschligen Berggras. Umgeben von Waldhängen mit hohen hellen Lärchen, umrankt von Waldblumen und Sträuchern, umstanden von Baumstümpfen und vereinzelten Steinblöcken. Durch die Reihen der Bäume schaut ein langer Hügelzug von Wiesen herein: ein Grün, saftstrotzend und formenreich ausgreifend wie der festwerdende Wellengang eines Meeres. Die gewaltigen Bergketten dahinter emporragend mit dunklen Forsten und Einschnitten, mit gelben Licht- und blauen Schattenfeldern und dem weißgesprenkelten Band verschneiter Grate und Gipfel. Zuhöchst des Junihimmels junges sommerliches Blau, sich senkend auf mich wie ein Auge, das in Unermeßlichkeiten hineinzieht.

So ruhe ich aus. Ich habe meine Stadtwohnung aufgegeben

und ein kleines felsiges Grundstück bei einem Dorfe oberhalb des Gardasees angekauft."

Er beginnt mit der Natur und landet sofort bei Gott: „Er haßt jede Gewalt, seine Schöpfernatur fühlt ein Gewaltbrauchen als Niederlage . . . Er möchte Herrschaft und Führung haben ohne Herrscherrolle, so natürlich wie ein Stamm über das Zweigwerk Herrschaft und Führung hat. Die Nötigung einer Mahnung zur Unterordnung muß ihm schon wie eine Einbuße seiner Kraft sein".

Ein Buch der Verinnerlichung des religiösen Erlebens gegen die Veräußerlichung der Kirche: „Meine Darstellung war bemüht, den Wandel des Christentums durch die Kirche aufzudecken. Das Ergebnis mir vor Augen haltend, muß ich sagen: Einst war Christentum auf Erden, jetzt haben wir statt seiner nur noch Kirchentum".

Max von Esterle hat ihn sehr treffend porträtiert. Die Karikatur erstarrt in Respekt: Ein geistvoller Kopf über den Bergen schwebend.

Eine Bibliographie gibt es nicht. Ich nenne einige der wichtigeren Titel: „Gedichte" (1900), „Ein Sommer" (1901), „Strömungen" (1902), „Wintertage und anderes" (1902), „Geläute der Landschaft" (1903). 1904 und 1906 erschienen die lyrischen Dramen „Erich Tagusen" und „Die Musik der Berge". Seine wichtigsten Prosabücher: „Der Christ Kierkegaards", „Die böse Sieben", „Otto Weininger und sein Werk", „Karl Kraus der Mensch", „Das Buch der Unsicherheiten", „Philister" und „Der große Unwissende". 1915 erschien seine Neuwiedergabe des „Taoteking" des Laotse unter dem Titel „Der Anschluß an das Gesetz oder Der Große Anschluß".

An Carl Dallago ist ein Unrecht gutzumachen. Ein freier Geist ist unterdrückt worden und wird noch immer unterdrückt, heute aus Unwissenheit.

Felix Dörmann

Geboren 1870 in Wien
Gestorben 1928 in Wien

Felix Dörmann lebt durch zwei Werke gleichsam anonym weiter. Durch das Libretto zum „Walzertraum", einer der meistgespielten Wiener Operetten, und durch das in keiner Jahrhundertwendeanthologie fehlende Gedicht „Was ich liebe", das zum Inbegriff der Dekadenz geworden ist.

Ich liebe die hektischen, schlanken
Narzissen mit blutrotem Mund;
Ich liebe die Qualengedanken,
Die Herzen zerstochen und wund;

Ich liebe die Fahlen und Bleichen,
Die Frauen mit müdem Gesicht,
Aus welchen in flammenden Zeichen
Verzehrende Sinnenglut spricht.

Ich liebe die schillernden Schlangen,
So schmiegsam und biegsam und kühl;
Ich liebe die klagenden, bangen,
Die Lieder von Todesgefühl;

Ich liebe die herzlosen grünen
Smaragde vor jedem Gestein;
Ich liebe die gelblichen Dünen
Im bläulichen Mondenschein;

Ich liebe die glutendurchtränkten,
Die Düfte, berauschend und schwer;
Die Wolken, die blitzedurchsengten,
Das graue wutschäumende Meer;

Ich liebe, was niemand erlesen,
Was keinem zu lieben gelang;
Mein eignes, urinnerstes Wesen
Und alles, was seltsam und krank.

Der blutjunge Dörmann, mit bürgerlichem Namen Biedermann geheißen, war ein Star in dem Jahrzehnt vor der Jahrhundertwende, wie in den siebziger Jahren der Handke. Er war einundzwanzig, als er mit dem Gedichtband „Neurotica", in dem das zitierte Gedicht stand, den Höhepunkt der Wiener Dekadenz erklommen hatte. Im Jahr darauf wurde er zum Leiter des Pressebüros der Wiener Internationalen Musik- und Theaterausstellung bestellt.

Aber er war schon vergessen, als er 1928 58jährig gestorben ist, obwohl er bis zuletzt publiziert hat, Librettos, Stücke, Romane, Erzählungen, Gedichte. Seine große Zeit war das Jahrzehnt von 1890 bis 1900. Der Dreißiger war schon ausgeschrieben.

Sicherlich war in den Exaltationen eines Gedichts wie „Was ich liebe" viel Pose, und man hat ihm das auch schon seinerzeit vorgehalten. Aber auch das muß man können, ein Lebensgefühl, das ja hinter der Pose steht, so schlüssig auszudrücken. Diese Müdigkeit der Jugend! In einer seiner zahlreichen Komödien steht der Satz: „Es ist merkwürdig, manche Menschen sind am müdesten, wenn sie am jüngsten sind." Der junge Dörmann war hinreißend elegant müde.

Wenn man seine „Neurotica" neben die Schlagertexte seiner Librettos stellt, sieht man, es ist dieselbe Masche, mit der er „das Interieur von lichter Scharlachseide“ und „die wonnig müden Nerven“ besungen hat, wie das Walzerraffinement in dem berühmten Duett aus dem „Walzertraum“:

Leise, ganz leise
Klingt's durch den Raum,
Liebliche Weise,
Walzertraum.
Süßester Schmerzen
Zärtlicher Chor
Steigt aus dem Herzen
selig empor.
Frühlingsverlangen,
Glück ohne Ruh,
Hoffen und Bangen,
Liebe, bist du!
Einmal noch beben,
Eh es vorbei –
Einmal noch leben –
Lieben im Mai!

Man kann das für Kitsch halten, aber wieder hat er einem Lebenswunschtraum vielleicht ein wenig aufdringlich, aber unwiderstehlich Ausdruck gegeben. Wortmusik im Walzertakt.

Die Literaturgeschichte hat ihn neben Hofmannsthal, Andrian, Schaukal gestellt. Aber bei ihm ist alles gröber, auf den Effekt geschrieben. Ich habe sein Stück „Der Herr von Abadessa“ wieder gelesen, für das er den Bauernfeld-Preis bekommen hat und das im Berliner Schauspielhaus 1902 uraufgeführt worden ist. Hier haben die pompösen Verse für unser Gefühl längst die Grenze zur Lächerlichkeit überstiegen. Überschwenglich im Vorwurf, opernhaft in der Ausführung. Alfred Kerr hat geschrieben: „Weil die Verse so wohlfeil sind, hielten sie wohl die Preisrichter für preiswert.“

Einer seiner Einakter, „Frühlingsopfer“, hat 1922 noch einen prominenten Komponisten gefunden, Karol Szymanowski. Seine leichten Komödien, er hat wenigstens ein Dutzend geschrieben, deren Premieren im Raimundtheater, im Carltheater, im Volkstheater und in den Kammerspielen Theaterereignisse waren, spiegeln eine Zeit und eine Gesellschaft, die den

Boden unter den Füßen verloren hat, in einem lockeren Ton, der damals als frivol empfunden und genossen worden ist. Viele ihrer Helden sind ironisch gezeichnete Weltverbesserer, die sich dann doch wieder den Konventionen beugen. Selbstporträt eines Wiener Literaten?

An Operettenlibrettos habe ich ein halbes Dutzend ausgemacht, die, den „Walzertraum" ausgenommen, längst von der Bühne verschwunden sind. 1924 hat er seiner Lieblingsschauspielerin Fritzi Massary ein Porträt gewidmet. 1925 hat er noch einmal für eine kurze Aufregung mit seinem Roman „Jazz" gesorgt. Das ist ein Totentanz der Schieber, ein Dokument der Wiener Nachkriegszeit und seiner Nöte, aber, wie seine späteren Werke, ein wenig parfumiert und schludrig geschrieben.

Mit dem „Walzertraum"-Libretto ist ihm ein Massenerfolg, mit dem Gedichtband „Neurotica" ein Literaturdokument gelungen. In den Decadence-Orgien von „Neurotica" ist eine Mode Poesie geworden. Als der Band wieder aufgelegt wurde, bekannte Dörmann, daß er „sein Geheimstes, Süßestes und Schmerzlichstes herausplauderte und seine naive Schamlosigkeit ihn später selbst schaudern gemacht habe". Obwohl er „jung, müde, müde bis zum Sterben war", habe er ihn als ein „letztes wehmutsvolles Grüßen eines seelensiechen armen Mannes" hinausgehen lassen. Wieder Pose, oder hat den alternden Dörmann der Weltekel, den er in der Jugend spielte, wirklich eingeholt?

Er war ein genialer Nachfühler, einer, dem doch immer wieder das Typische gelungen ist, das dekadenteste Gedicht, das penetranteste Libretto und ein Vierzeiler, der das Schicksal seinesgleichen knapp und mit Humor beschreibt:

Das Leben hat doch seine nette,
gesalzene Ironie.
Man lebt von der Operette
Und stirbt an der Poesie.

Thaddäus Rittner

Geboren 1873 in Lemberg
Gestorben 1921 in Bad Gastein

Thaddäus Rittner hat elf Theaterstücke hinterlassen, vier Romane, zwei Novellenbände: die Ernte eines 48jährigen Lebens. Das Fazit: Vergessen. Die österreichische Literaturgeschichte schiebt ihn an die polnische ab, aber schließlich hat er deutsch geschrieben, seine zwei ersten Werke, den Novellenband „Drei Frühlingstage" und sein erstes Stück „Das kleine Heim" ausgenommen, von denen er die deutsche erst nach der polnischen Fassung hergestellt hat.

Er entstammt einer großbürgerlichen jüdischen Familie aus Galizien. Bereits der Großvater hatte das Ghetto verlassen und war Arzt geworden, der Sohn, getauft, brachte es als Rechtslehrer bis zum Minister, Thaddäus, der Enkel, im Wiener Literatenleben aufgewachsen, wurde Beamter des Unterrichtsministeriums und Burgtheaterautor. Fast wäre er sogar Burgtheaterdirektor geworden. Nach dem Krieg trat er als Diplomat in den Dienst des neuen polnischen Staates. Rittner war der prominenteste der gar nicht so seltenen zweisprachigen Autoren Altösterreichs.

Pole oder Deutscher hieß damals die Streitfrage. „Meiner Abstammung nach, meiner innersten Neigung nach bin ich Pole. Und oft fällt es mir leichter, in dieser und nicht in der deutschen Sprache zu denken. Aber zuweilen verhält es sich umgekehrt. Von so manchem, was ich geschrieben, sagten die Deutschen, es sei polnisch, und die Polen, es sei deutsch."

„Er war eben wirklich und wahrhaftig ein Sohn der alten Monarchie, dieses Vielvölkerstaates von umschmelzender Kraft", wie Oskar Maurus Fontana geschrieben hat.

Es gibt vergessene Autoren, die man mit einem Werk wiederentdecken kann. Rittner gehört nicht dazu. Sein Werk ist vielgestaltig in seiner Zeitgebundenheit und in seiner Originalität. Es reicht thematisch von der erotischen Tragödie der sterbenden Bougoisie bis zur politischen Utopie in seinem unter dem Titel „Die Feinde der Reichen" auch dramatisierten Roman „Die andere Welt", stilistisch von der Schnitzlerschen Stimmungspalette bis zum Pirdandello-Spiel mit Sein und Schein, aber auch zu der Nüchternheit, die an ganz neue Prosaexperimente denken läßt, vom subtilen Psychologismus der ersten Stücke bis zu der Absurdität, mit der in „Geister in der Stadt" Übersinnliches in das Geschehen einbezogen wird und die einen Zeitgenossen zu der Anmerkung veranlaßt hat, „Vieles in der Rittnerschen Dramatik wirke, als sei eine Kubinsche Zeichnung und Vision zu einem Drama geworden".

Thaddäus Rittners Schaffen umfaßt die ersten zwei Jahrzehnte unseres Jahrhunderts: er hat noch die Ibsen-Stürme mitgemacht und den Expressionismus erlebt. In der Schnitzlerschen Welt aufgewachsen, haben Weltkrieg und Revolution sein Weltbild umgeformt. Eine sehr sensible Begabung, die Anregungen aufgenommen und verarbeitet, aber sich immer den eigenen Ton bewahrt hat, einen Zauberton romantischer Ironie, der gelegentlich durch eine fast exhibitionistische Hilflosigkeit, aber auch wieder durch eine brüske Nüchternheit abgelöst wird, die natürlich nur eine andere (schmerzverzerrte) Maske des Romantischen ist.

Am stärksten kommt Rittners Dichtung in seinem Roman „Das Zimmer des Wartens“ zum Ausdruck, einem zärtlichen Buch aus Kindheitserinnerungen. Es beginnt als Märchenidylle, hinter der sich immer härter und drohender die Konturen der Wirklichkeit abzeichnen. Adam ist immer bereit, sich in Träumereien zu verlieren, aus denen ihn sein anderes Ich, der „Hampelmann“, in die Wirklichkeit zurückruft. Auch als er sich in Venedig in eine endlose aussichtslose Liebesaffäre mit einem ätherisch mondänen halbwüchsigen Mädchen, das an der ästhetisch damals bevorzugten Krankheit, der Lungentuberkulose dahinsiecht, zu verlieren droht, kommt seine Mahnung: „Kehre zu deinen Pflichten zurück, zur strengen, aber gesunden Wirklichkeit!“ Aber Adam weicht ihr immer wieder aus und findet schließlich vor ihr Zuflucht in der Scheinwelt des Theaters, was man als autobiographisches Bekenntnis nehmen darf.

Während es in den Romanen Passagen gibt, die an den Nouveau Roman denken lassen, mischen sich in seinen Stücken Schnitzlersche Stimmung und Pirandellosches Spiel mit Schein und Sein, in „Sommer“ ebenso wie im „Garten der Jugend“. Sein erfolgreichstes Stück war „Die Tragödie des Eumenes“, ein Lustspiel, das davon handelt, wie ein Dichter an der Niederschrift der großen Tragödie verhindert wird. Überlebt, wenigstens in Polen, wo es noch gespielt wird, hat sein frühes Stück „Der dumme Jakob“. Die meisten Chancen hätte heute wohl „Der Mann im Souffleurkasten“, dessen surreale Züge einen Regisseur mit Phantasie reizen könnten. Es gibt eine sehr schöne Interpretation dieses Stückes von Berhold Viertel: „Da verbirgt sich ein Dichter im Souffleurkasten, und nachts, wenn das Theater leer ist, steigt er auf die Bühne, läßt die zauberhaftesten Lichteffekte erstrahlen . . . und erfüllt die leere Bühne mit Träumen – ach, nicht mit Träumen, mit ewigen Wirklichkeiten“. Er wird entdeckt und, ein Märchen für Erwachsene, der Liebhaber, der Gatte der Theaterprinzessin, und tatsächlich aufgeführt. Mit Erfolg. Daran stirbt dieser Dichter. Das heißt, nicht der Dichter, das Dichterische in ihm stirbt . . . Bei Rittner sterben nie (oder nur selten) die Menschen, es stirbt immer nur der Traum in ihnen. Bei Rittner leben die Menschen auch nicht (oder nur scheinbar). Sogar seine Allerlebendigsten, seine Robustesten, leben Träume und träumen Leben. Seine

Tragik: Das Erlöschen des Traumes, das Aufwachen! Sein Humor: wenn der Traum an das wirkliche Leben stößt, wenn das wirkliche Leben den Traum zerreißt, durch die Risse blickt, mit ihm kurzen Prozeß macht. Was eigentlich tragisch ist; nur daß der Dichter es bereits überwunden hat und jetzt das ewige Kind im Menschen liebevoll, mitleidig, begütigend belächelt.

Thaddäus Rittner hat, was wenige Autoren der Zeit von sich behaupten durften, die Achtung von Karl Kraus genossen. Kraus hat auch einen Beitrag von ihm in der „Fackel" veröffentlicht, über Gerhart Hauptmanns „Und Pippa tanzt", den Kraus mit der Bemerkung angekündigt hat: „Ich freue mich, dieser von einem Dichter besorgten Ehrenrettung einer Dichtung Raum geben zu können".

Die besten Theaterleute seiner Zeit, Kritiker und Regisseure, haben ihn geschätzt. Alfred Polgar rühmte „das scharfe, helle Auge für kleinste Hemmungen, für kleinste Antriebe, für die federnde Unruhe und die zarten Rädchen im Uhrwerk einer Seele, seine diskrete Klugheit, die sich immer in Winkel zurückzieht, wo man sie nur hört, nicht sieht."

Zum Abschluß muß ich noch einmal Viertel zitieren. Er hat die schönste Charakterisierung Rittners gegeben: „Du bist vielleicht kein allzugroßer Dichter, den allzu Großen wird die Dichtung zu gewaltig wahr. Der Dämon zerreißt sie. Mit dir spielt er nur. Du bist seine feinste Laune. Ich liebe dich, Thaddäus Rittner, ich liebe deine polnische Ritterlichkeit für das Weibliche und Kindliche, das entzückend Natürliche im Menschen, ich liebe deine Grazie, deine leichte Hand – und deinen von Traum und Beobachtung, von Märchen und Psychologie ein wenig – nicht zu sehr, irren Blick. Deine Verwandten im märchenhaften Alltag, Knut Hamsun in Christiania und Peter Altenberg in Wien, werden dich verstehen. Und vielleicht berührst du auch, nach und nach, die anderen Menschen, diese allzu Erwachsenen, mit deinen wahren Märchen".

Otto Stoessl

Geboren 1875 in Wien
Gestorben 1936 in Wien

Otto Stoessl ist kein ganz Vergessener. Er hat in Fritz Hochwälder und Hans Weigel zwei Anwälte. Weigel, der sich des Mannes mit dem seltsam geschnittenen runden Bart und dem altmodischen Zwicker erinnert, hat 1977 seinen Joseph-Mathias-Hauer-Roman „Sonnenmelodie" „wiedergefunden" und neu herausgebracht und nun auch erreicht, daß der Familienroman „Das Haus Erath" wieder gedruckt worden ist. Nach dem Krieg haben einige überlebende Freunde und Kenner Stoessl wiederzuentdecken versucht. Mit bescheidenem Erfolg. Die Auguren kennen seinen Namen, aber er lebt nicht im Bewußtsein der Leser. Er ist auch nicht verkannt, aber nicht nach Gebühr erkannt. Ich habe die Seite über Otto Stoessl bei Castle nachgelesen, wo er unter „Traditionalismus, Staats- und Gesellschaftskritik" eingereiht ist. Alfred Zohner beurteilt sein Werk mit großem Verständnis, aber auch er hat den Rang des Erzählers nicht erkannt. Auch die Literaturgeschichten nach 1945, Adelbert Schmidt, Robert Blauhut, Roland Heger bringen ihm Verständnis und Wohlwollen entgegen, aber eben als einem unter vielen zweitrangigen Autoren und nicht in seiner Bedeutung als einem der großen Schriftsteller seiner Zeit. Wo immer sie ihn einordnen, sie übersehen, daß Stoessls Prosa und seine Weltsicht die Jahrzehnte überdauert hat. Was seinen Zeitgenossen als traditionell erschien, erweist sich heute als zeitlos. Er hat keinen schönen und er hat keinen modernen Stil geschrieben. Da ist nichts antiquiert und nichts unmodern geworden.

Stoessls intime Kenntnis und genaue, behutsame Schilderung der letzten Jahrzehnte der Monarchie und ihres zerfallenden Bürgertums hat ihn als Chronisten der Monarchie abgestempelt. „Diese Romane bilden geradezu eine Kulturgeschichte Österreichs in dem halben Jahrhundert zwischen 1870 und 1920" hat Heger geschrieben und zum Beweis dafür eines der Sprachrohre Stoessls zitiert, die er in fast alle seine Romane und Erzählungen eingeführt hat: „Das alte Österreich, die alte, großartig-unmögliche, aber doch wirkliche Masse, war mein Reich. Davon war zu erzählen. Es hat Figuren und Abenteuer gegeben, Länder und Sprachen, Freund- und Feindschaften, Obere und Untere, beide gleich dumm oder gleich erbärmlich, aber doch merkwürdig und so, daß man ihnen höhere Geheimnisse und Zwecke ansinnen konnte".

Ein doch zur Hälfte mißverstandenes Zitat, das bezeugt, daß der Österreich-Chronist Stoessl in diesem absteigenden österreichischen Bürgertum und in seinem Proletariat, in diesem sprachlichen und sozialen Chaos vor allem die Absurdität des Lebens gesehen hat. Blauhut reiht ihn unter die Regionalisten ein. Das hat was für sich. Er war ein Wiener Stadtregionalist, wie seine Wienerwald-, Prater-, Brillantengrundbeschreibungen zeigen, aber eben weil er die Monstrosität Leben in dem von ihm genau gekannten, präzise beschriebenen regionalen Bereich dargestellt hat. Ein Idylliker, der das nahende Grollen mitmalt und in die unaufhaltbare Katastrophe münden läßt.

Stoessls Modernität ist nicht nur in seinem Stil begründet,

sondern in seiner skeptischen Weltbetrachtung, in einer realistischen Weltkenntnis und Welterkenntnis ohne ideologische Scheuklappen. So erklärt es sich, daß der eine seinen geradezu neoklassizistischen Stil, der andere seinen Sozialismus, wieder der nächste seinen sozialen Pessimismus preist oder auch anzweifelt.

Sein äußeres Leben weist keine Sensationen auf. 1875 in Wien geboren, 1936 in Wien gestorben, rechtzeitig, um nicht von Hitlers Schergen verschleppt zu werden. Ein typisch österreichischer Beamtendichter. Dr. juris, Eisenbahnministerialbeamter, pensionierter Hofrat. Er war bis in die zwanziger Jahre einer der bekanntesten österreichischen Erzähler, in dessen Romanen und Novellen man vor allem die plastische Schilderung der Vorkriegsjahrzehnte und die typisch österreichische Atmosphäre schätzte. Er war aber auch ein vielgesuchter Essayist. Seine Monographien über Gottfried Keller, Conrad Ferdinand Meyer und Adalbert Stifter sind heute noch mit Gewinn lesbar. Er war ein hervorragender Theaterkritiker, der fast die ganze Zwischenkriegszeit hindurch das Theaterreferat der „Wiener Zeitung“ betreute, und ein interessanter Lyriker. Er war in jungen Jahren Mitarbeiter der „Fackel“ und einer der wenigen Autoren dieser Zeit, die niemals von Karl Kraus angegriffen worden sind.

Sein erster Roman, „In den Mauern“ erschien 1907. Er ist 1956 unter dem Titel „Das Schicksal pocht an die Mauern“ wieder erschienen. 1912 folgte „Morgenrot“. Seine Fortsetzung bildet der mit den „Buddenbrooks“ verglichene Familienroman „Das Haus Erath“, der erstmals 1920 und 1928 in einer Neufassung erschienen ist. Die Literaturgeschichte hat nicht nur zu Thomas Mann Vergleiche gezogen. Der Vergleich mit Hermann Broch und seinem „Wertzerfall“ ist sicherlich relevanter als der thematische mit Emil Ertls „Volk an der Arbeit“. 1923 folgte „Sonnenmelodie“, der Roman über den großen Einsamen der musikalischen Moderne Joseph Mathias Hauer.

Er hat auch Dramen geschrieben und ist einmal am Burgtheater aufgeführt worden, allerdings ohne besonderen Erfolg. Seine zwei ersten Stücke hat er noch vor der Jahrhundertwende mit Robert Scheu, einem anderen „Fackel“-Mitarbeiter, verfaßt. Wichtiger sind seine großen Novellen „Sonjas letzter Sommer“, „Negerkönigs Tochter“, „Landflucht“ und „Egon und Danitza“. 1913 war er bei „Arkadia“ dabei, dem heute wegen des Erstdruckes von Kafkas „Urteil“ gesuchten und hoch bezahlten Band, und zwar mit einem Stück Lesebuchprosa, dem Fragment „Aus der Villa Obweger“, einer der schönsten Wienerwaldschilderungen: von Weidlingau bis zur Tiergartenmauer.

Ich halte für sein Meisterwerk die Erzählung „Egon und Danitza“ von 1911. Ihre Helden entsprechen gar nicht den Helden ihrer Zeit, auch nicht Egon, der einige Kritiker an Anatol erinnert hat. Aber er ist ein recht schäbiger Anatol, ein Tunichtgut von Schuldenmacher, der sich mit seinem Charme immer herauswindet. Danitza, die ihm viel zu lange verbundene Frau, findet ihr Glück in einer Gärtnerei in den Donauauen. Sie emigriert aus der Bürgergesellschaft ganz undramatisch in ein neues Proletariat. So unheroisch ist dieses Thema, das ein halbes Jahrhundert später so viele Autoren aufgenommen haben, niemals mehr dargestellt worden. Eine Frau als Aussteigerin von ihrer bürgerlichen Misere in eine als sinnvoll empfundene Arbeitswelt. Geschrieben ist das in einer legeren, lockeren Art, die die konservative Grundstruktur ebenso wie eine Neigung zum Expressiven individualisiert. Schon Zohner hat ihn einen Impressionisten genannt, der zu humoresker Breite, aber auch zur Groteske neigt. Und, worauf es ankommt, „keiner besitzt eine ähnliche Körperlichkeit der Sprache, um das geringfügigste seelische wie reale Erleben nachzugestalten.“

Wäre er nicht ein Österreicher, er wäre heute, wenn nicht schon wegen seiner Romane, dann wegen seiner lebendig geschriebenen Essays berühmt. Von einer Gesamtausgabe, die in den Zwischenkriegsjahren in Angriff genommen worden war, sind nur vier Bände erschienen, die kaum noch im Antiquariat zu haben sind. Stoessl-Bände liegen bestenfalls in den Ramschkisten. Ob die Neuauflage des Romans „Das Haus Erath“ die Wende bringt? Hochwälder jedenfalls ist überzeugt: „Die Wiederentdeckung des Dichters Otto Stoessl wird kommen, so sicher wie das Amen im Gebet.“

Theodor Däubler

Geboren 1876 in Triest
Gestorben 1934 in St. Blasien im Schwarzwald

Theodor Däublers Nachleben ist auf die Literaturgeschichte beschränkt. Ganz war er ja nie zu übersehen, weder körperlich noch geistig, dieser von seiner poetischen Sendung überzeugte massige Mann.

In Triest geboren, in Deutschland ebenso zu Hause wie in Italien, in Paris, in Wien oder in Griechenland, war er gerade in seiner Unbürgerlichkeit ein typisches Kind seiner Zeit.

Die Literaturgeschichte zählt ihn dem Expressionismus zu. Man könnte ihn ebensogut einen Neoromantiker nennen, und ein kluger Kritiker hat einmal gemeint, sein „Nordlicht" sei eine verspätete poetische Krönung des deutschen Idealismus. Allem Neuen aufgeschlossen, war er als mediterraner Mensch tief in den Traditionen verwurzelt. Mythologisches, Okkultes findet sich, die Symbolik steigert sich in expressive Bilder. Am ehesten war er ein Hymniker, ein Lobpreiser. Ich möchte das mit der letzten Strophe seines Gedichtes „Das Sternenkind“ beweisen:

> Die Jugend erstirbt nicht, Die Weite gebiert sich. Die Kindheit wird siegen!
> Was naht ohne Alter? Was will, durch die Finsternis schwirrend, sich wiegen?
> Ein glastender, kalter wahrhaftiger Falter wird Fernen erfliegen.
> Was wirbelt? Was hascht sich? Wann wähnt sich ein Wagnis? In Kriegen!
> Wir fliegen? Es sterben die Sterne. Wie gerne, wie ferne! Wir fliehen.

Die Poesie reißt ihn hin. Um die Jahrhundertwende und in den ersten Jahrzehnten des Jahrhunderts hatte jeder Dichter seine Privatmythologie, seine eigene Ideologie. Und tatsächlich hat ja Däubler die letzte große Mythologie geschrieben: „Das Nordlicht“. 30.000 Verse, die er viele Jahre lang zwischen Florenz, Paris und Wien in seinem legendären Köfferchen mitgeschleppt hat, das außer dem immer mehr anschwellenden Epos nur das Notwendigste enthalten hat. 1910 erschien die Florentiner Ausgabe. Dann kam die sogenannte Genfer Ausgabe. Es gibt aber auch eine noch ungedruckte Athener Ausgabe.

Er war überzeugt, daß er mit diesem Werk Deutschland literarisch bezwingen würde. Daß man ihm zu Füßen fallen und ihn zum Nationaldichter ausrufen würde. Aber es geschah natürlich nichts dergleichen. Nicht zuletzt deshalb hat er einmal jeden Vers verflucht, den er in deutscher Sprache geschrieben hat.

„Das Nordlicht“ ist eine komplizierte poetische Privatmythologie, die man heute kaum nachvollziehen kann. Eine Kosmogonie in Gedichtzyklen, in denen sich Christliches mit einem Licht- und Sonnenkult verträgt. Es gehörte schon die Däublersche Manie dazu, ein halbes Leben an ein solches Werk zu hängen, es immer wieder zu ergänzen, stets neue Gedichtzyklen hineinzuflicken. Der Kardinalfehler: er hatte sein Hauptwerk zu früh geschrieben. Deshalb mußte er um immer neue Fassungen ringen, die es nur verworrener machten. Es ist ein

Versuch, den Materialismus der Welt durch einen Sinnenkult, eine Versinnlichung und wohl auch Pathetisierung zu überwinden. Visionen, Träume. Von ähnlichen Versuchen, an denen es zu dieser Zeit nicht fehlte, wenn auch kein anderer diesen Umfang erreichte, mit dieser Konsequenz durchgehalten wurde, unterscheidet Däublers „Nordlicht“ die Klangfülle der Verse, der Prunk der Sinnlichkeit. Das Ich als gefeierter Mittelpunkt der Welt. Ein Kritiker hat einmal auf die Frage, was diese Kosmogonie des „Nordlichts“ nun wirklich bedeute, geantwortet: Däublers Enthusiasmus.

Däubler ist oft von Künstlern der Zeit porträtiert worden. Berühmt ist das Porträt, das Otto Dix von ihm gemalt hat. Neben antiken Säulen und vor einer wolkendurchsegelten mediterranen Landschaft ein voluminöser Mann mit weißem Vollbart und blitzenden Augen.

So hat ihn mit Worten auch Ernst Barlach in seinem Romanfragment „Seespeck“ porträtiert. Er empfand ihn als poetisches Ereignis: „Ein Gesicht, dem bei aller Milde wie dem Mond Krater und Klüfte nicht erspart waren. Über den Augen herrschte eine wahrhaft felsige Stirn und den weichen Mund unterbaute ein bartbewucherter Quaderblock von Kinn . . . In den Gasthäusern ward Däubler etwa wie ein fahrender Fürst, manchmal fast als aus der Hölle Entfahrener angesehen, der in Begleitung seines zahlenden Sekretärs reiste. Exotisch und also sonderlich. Sie sahen erstaunt, wie herrisch er ging, mit Ungestüm niedersaß, wie ein Sklavenhalter Gehorsam gewöhnt, nach Bedienung rief und alles verzehrte, was aufgetragen ward. Und seine Reden waren atemraubend, selbst für Kellner, die springfertig in der Nähe standen . . . Im Tingeltangel saß Däubler gerne, so gerne, daß er selbst fürchtete, darum kein Religionsstifter zu werden, weil man ihn zu oft an ähnlichen Orten gesehen hätte. Und wenn man's recht bedachte, so ward ihm der ganze Tag, den er nicht allein war, zum Tingeltangel, vom morgendlichen Kaffeetrinken bis zur letzten Einkehr und allerletztem Austrunk . . .“ Seespeck hält ihn „für einen Spiegel: die ganze Welt läuft ihm in Farbengewittern und Bildergüssen über die blanke Seele, und natürlich wird die Welt in diesem Spiegel eine Däublerisch gedeutete und bewertete.“

Eine Art Pan, aber ein Pan, der sich immer ins Kunstgewühl gestürzt hat. „Im Kampf um die moderne Kunst“, das ist ein Titel eines seiner Bücher, war er immer ganz vorne. Ein Visionär, der das „Nordlicht“ suchte, sich diesen Utopismus aber immer mit seinem mediterranen Mystizismus zurechtgeformt hat.

Seine besten Werke hat er geschrieben, nachdem er von der selbst auferlegten Last seines Riesen-Epos erlöst war: Die „Hymne an Italien“ und „Hesperien“, eine symphonische Dichtung zur Feier Italiens. Die letzte Periode seines Schaffens hat Griechenland gehört. Erst seine Griechenlandreise hat diesem Mann, der alles sinnlich erfahren mußte, im Umgang mit den elementaren Gewalten Hellas erschlossen. Zeugnis davon geben die Gedichtbände „Attische Sonnette“, „Päan und Dithyrambos“ und die „Gesänge um Griechenland“. Vielleicht das Schönste sind die Lebenszeugnisse, in denen er seine mediterrane Kindheit und die Faszination Venedigs beschreibt.

Vor mehr als einem Vierteljahrhundert hat Friedhelm Kemp eine 900 Seiten starke Auswahl aus seinem umfangreichen Werk herausgegeben, das nie über die Literatenkreise hinausgedrungen ist. Dasselbe Schicksal war dieser Edition beschieden. Aber Däubler ist eine so große Potenz als Dichter und Mensch, als Zeitzeuge, dessen Spannweite von übersteigerter Ich-Dichtung bis zur Kolportage reichte, daß man sich endlich eine Dokumentation über diesen Mann wünscht, die alle seine Facetten darstellt, den Mittelmeer-Pan, den phantastischen Monomanen, den zwischen Mythologie und Modernität schwankenden Sucher nach dem Sinn dieses aufbrechenden Jahrhunderts. Zwischen den Zeitgenossen, die ähnliches wollten, ist seine künstlerische Persönlichkeit unverkennbar.

Einige kurze Proben seiner autobiographischen Prosa:

„Das Dasein! Mir galt es nur etwas als Rätsel. Ich haßte meine Jugend, weil sie mir noch meine Freiheit vorenthielt.

Den Sommer verwünschte ich, denn Sturm und Nacht waren meine Berater! So glühn wir denn fort und fort in uns selber. So still wie ein junges Mondfunkeln soll unser geheimes Ich sich erleben und lenken, die eigenen Wege beleuchten können.

Mein Wille, wirst du die Inzucht selbstverliebter Neigungen bezwingen? Vernunft, du bist voll Dunkel. Erfunkle nun in mir!

Die Erde überschüttet uns mit Liebe. Sie ist der Leib und trägt in sich der Schöpfung Schrecken.

Ich bin am Mittelmeer geboren; ich soll in meiner Seligkeit den Jammer aller Umstürze ergründen.“

Hans Adler

Geboren 1880 in Wien
Gestorben 1957 in Wien

Weiß Gott, wieso: die andern kriegen Geld!
Reklame flammt für sie von den Fassaden,
Der schönsten Frauen süße Seidenwaden
Sind sprungbereit, sobald ihr Auto bellt.

Ihr Ruhm steigt hoch in künstlichen Kaskaden
Und ihre Siegestafel ist bestellt
Mit allen teuren Drogen dieser Welt.
Wer keinen Frack hat, wird nicht vorgeladen.

Die Zeit vergeht, die Ambitionen welken,
Verleger sparen gerne an Prozenten . . .
Aus meinen Liedern blühn mir keine Renten,

Fortuna läßt sich nicht von jedem melken,
Ich huste unter ausgelöschten Sternen
Und ohne Aufsehn möcht ich mich entfernen.

Mit diesem „Autobiographische Notiz" überschriebenen Gedicht hat Hans Adler das Schicksal seinesgleichen besungen: eines Mannes, der die Menschen mit leichter Hand unterhält und – dafür verachtet wird. Der Literaturbetrieb ist pervers. Heiterkeit gilt als unseriös. Wer sein Publikum langweilt, ist noch immer sicher, daß er ernst genommen wird. Tragödiendichter werden verrissen, aber in den (kurzlebigen) Olymp aufgenommen, Lustspieldichter akklamiert, aber gar nicht der Literatur zugezählt. Darum gibt es wohl so wenig zu lachen in unserer Literatur, und fast nichts zu lächeln. Die Bibliographien der Literaturgeschichten enden bei Hans Adler dort, wo er sich den Lebensunterhalt mit Libretti zu verdienen begann. Derlei wird gespielt, aber nicht registriert.

Wien hat die Unterhaltungsware nach dem Niedergang des Volkstheaters jahrzehntelang aus Budapest und dann aus New York bezogen. Autoren, die ein musikalisches Lustspiel schreiben, die eine Handlung mit lockerer Hand entwerfen und Liedtexte schreiben können, die sich einschmeicheln und einprägen, sind rar. Wenn es einen gibt, erliegt er rasch der Versuchung zu Schmalz und Kitsch. Davor hat Hans Adler seine Ironie bewahrt, ein trockener Witz, der, wenn sich die Gefühle hervordrängen, die Illusionen mit einer Prise Skepsis verscheucht. Er holt seine Figuren und wohl auch sich selbst auf die Erde zurück. Das muß nicht immer ein Blackout sein. Die poetische Welt Hans Adlers ist immer ein wenig desillusioniert. Seine Bühnenfiguren wissen Bescheid, und wenn sie sich doch was vorlügen, dann nur, um sich und uns einen guten Tag zu machen. Auch seine Lyrik bezieht ihren Reiz von diesem augenzwinkernden Zweifel.

Ein Wort zur Biographie: Hans Adler ist 1880 in Wien geboren und 1957 auch hier gestorben. Er war Jurist und vor dem ersten Weltkrieg Konzeptsbeamter bei der Bezirkshauptmannschaft in St. Pölten. Debutiert hat er mit satirischen Gedichten im „Simplicissimus". Seine erste Komödie ist bereits 1913 aufgeführt worden: „Liebst du mich?" Ironisch, locker, geistreich, haben die Kritiker gelobt. Er hat weiter Komödien und später auch Texte für Operetten und musikalische Lustspiele geschrieben, allein und mit Ko-Autoren wie Leo Perutz und Alexander Steinbrecher, mit dem er aus Elementen des Pariser Boulevards sein bekanntestes Lustspiel geschrieben hat: „Meine Nichte Susanne“. Das war ein großer Erfolg im Theater in der Josefstadt.

Er hat auch einen Roman geschrieben, für den er 1927 den Preis der Stadt Wien bekommen hat. Er heißt „Das Städtchen“. Der Titel trügt, es ist keine Idylle, sondern eher eine realistische Satire. Klabund hat den Roman begeistert besprochen: „Der Wiener Dichter Hans Adler ist seit jeher eine stille Liebe von mir. Sein prachtvoller Roman ist österreichisch im Stil, im Milieu, in der melancholischen Grandezza. Ein ganz sinnliches Buch, das nachdenklich, ein tristes Buch, das heiter, ein heiteres Buch, das traurig macht.“ In seiner Literaturgeschichte schrieb Klabund übrigens, daß er diesen Adler sämtlichen österreichischen Bartschen und Wildgänsen vorzöge.

Der Lyriker Adler hat ein Genre gepflegt, das in der österreichischen Lyrik selten ist: das Chanson. Ohne Sentimentalität, ohne Pathos, ohne triefende Gefühle, weder für die Natur noch für die Nation. Ironie, leicht formuliert, aber formbewußt. Seine bevorzugte Form war das Sonnett. Sein mehrmals aufgelegter Gedichtband heißt „Affentheater“. Da ist natürlich auch ein wenig Wedekind aus der „Simplicissimus“-Zeit dabei, aber mit einem unverwechselbaren österreichischen Charme.

Man versteht, daß er zur Operette gefunden hat. Seine Verse sind sangbar, haben Schmiß. Wenn ich ein deutsches Musical sehe, denke ich immer an Hans Adler. Er hätte die Eleganz, die Leichtigkeit, die Anpassungsfähigkeit, aber auch das Formbewußtsein und den realistischen Sinn dafür gehabt, das zu übersetzen. Seine „Vorstadtballade“ schreit direkt nach einer Steinbrecher-Vertonung und klingt auch bereits an ein später berühmt gewordenes Chanson an.

Ihr Vater war – wie man erzählt –
Mit ihrer Mutter nicht vermählt.
Er war ein Sonderling.
Ein Atheist, und nebenbei
betrieb er eine Greislerei
in Ottakring.

Sie war schon hübsch und ganz gescheit,
Als sie mit Zopf und kurzem Kleid
Noch in die Schule ging.
Am Weg zur Schule lernt man meist
Und halb im Spiel, was Liebe heißt
in Ottakring.

Sie wurde groß und lachte gern
Und ging, weiß Gott, mit jedem Herrn,
Das leichte, blonde Ding.
Und man besang sie damals als
Das schönste Mädel von Hernals
Und Ottakring.

Man liebt sich müd, man küßt sich satt –
Der Nutzen, den man davon hat,
ist relativ gering;
Es zahlt oft so ein Kavalier
Nichts als ein Gulasch und ein Bier
In Ottakring.

. . .

Ja, sonderbar geht's auf der Welt!
Wer Glück hat, findet Gut und Geld
Und Seidenkleid und Ring –
Wer Pech hat, der krepiert einmal
im neuen Infektionsspital
in Ottakring.

Hugo Zuckermann

Geboren 1881 in Eger
Gefallen 1914

In manchen Bücherkästen findet man heute noch in einer rückwärtigen Reihe den Pappband „Gedichte“ von Hugo Zukkermann, der 1917 bei R. Löwit in Wien erschienen ist. Es war eines der erfolgreichsten Gedichtbücher Österreichs in diesem Jahrhundert.

Was hat es für eine Bewandtnis mit diesem Autor, der seinen Erfolg nicht mehr erlebte?

Dr. Hugo Zuckermann, ein Jude aus Böhmen, zuletzt Anwalt in Meran, ist im Alter von 33 Jahren am 23. Dezember 1914 seinen Kriegsverletzungen erlegen.

Er war populär durch sein Reiterlied, das wie ein Volkslied klingt:

Drüben am Wiesenrand
hocken zwei Dohlen –
Fall ich am Donaustrand?
Sterb ich in Polen?
Was liegt daran!
Eh sie meine Seele holen,
kämpf' ich als Reitersmann.

Er war ein glühender Patriot und zugleich ein engagierter Zionist. Ein leidenschaftlicher Herzl-Schüler und -Anhänger. Der Herausgeber seiner nachgelassenen Gedichte, Otto Abeles, versucht auszudrücken, was der Zionismus für Zukkermann und viele jüdische Jugendliche, die in der Schule und auf der Straße dem brutalsten Antisemitismus ausgesetzt waren, zu Hause das Judentum nur als totes Zeremoniell hinter geschlossenen Fensterläden erlebten, während es sonst womöglich vertuscht und verborgen wurde, bedeutet hat: „Da kam der Zionismus und beschenkte verschüchterte, haltlose, vergrämte Jugend mit dem Glück nationalen Stolzes." Zukkermann leitete eine zionistische Jugendzeitschrift, „Unsere Hoffnung", gründete mit anderen den Studentenverein „Theodor Herzl", veranstaltete jungjüdische Abende und bemühte sich um die Errichtung einer jüdischen Bühne in Wien.

Er war aber auch überzeugt von der historischen Notwendigkeit des Nationalitätenstaates Österreich, der im Geiste des 48er Jahres regiert werden sollte. Er war in der Leitung des Jüdischen Nationalvereins für Österreich, der solche Ziele anstrebte. Ein typischer österreichischer Jude, könnte man sagen, und die österreichischen Juden haben den toten Hugo Zuckermann als eine Symbolgestalt verehrt. Ein Emanzipierter, ein Zionist, ein Patriot, der für Österreich gefallen ist. Er war übrigens mit einer Christin verheiratet, die sich auf seinem Grab erschossen hat.

Seine Gedichte haben in der Zwischenkriegszeit kaum in einem jüdischen Haus in Österreich gefehlt. Bei der ersten Lektüre möchte man sagen, ein Theodor Körner von 1914, ein Klassikerepigone. Andere junge Juden von Hugo Zuckermanns Jahrgang haben expressionistisch gedichtet. Er war kein Avantgardist, er hat zu jenen österreichischen Juden gehört, die zu tief in der deutschsprachigen Kultur verwurzelt waren und vielleicht auch zu kurz, um sie als einen Ballast abzuwerfen. Abeles erklärt seine Vaterlandsliebe aus der „den Juden der Monarchie inkarnierten sprichwörtlichen Anhänglichkeit an diesen Staat“. Wenn ich Zuckermann lese, muß ich daran denken, daß im jüdischen Gebetbuch ausdrücklich der Kaiser Franz Joseph in das Gebet eingeschlossen worden ist. Zuckermann konnte sich nicht anders als im Stil der deutschen Klassiker artikulieren. Auch wenn er die jüdische Jugend aufrief. Das Sprachkleid ist epigonal, aber es ist bei Zuckermann mit Leben erfüllt. Mit einer unwiderstehlichen Süßigkeit des Volkstones. Mit dem echten Pathos, weil sein Heroismus von der Klage geprägt wird. „Sei das Schwert“, fordert er Judas Jugend auf. Aber „schwertgegürtet hält seine Jugend Totenwacht an der Väter blutbefleckten Särgen“.

Kriegslieder, die ihn bekannt gemacht haben, gibt es übrigens nur ein paar. Er hat viele Gedichte über jüdische Themen geschrieben, er hat Herzl angedichtet, er hat jiddische Gedichte übersetzt. Er war als Lyriker erfüllt und getragen von der Aufbruchstimmung der jüdischen Jugend, die der Zionismus aus dem Ducken unter den Antisemitismus zu ungeheurer Hoffnung befreit hat. In seinen letzten Gedichten hat er zu einem volkstümlichen Ton gefunden, daß man glaubt, es seien wirklich Volkslieder. Etwa im „Soldatengrab“:

Ein schlichtes Kreuz
Zwischen zwei Ackerfalten.
Bald schneit's
und deckt die letzte Spur
von einem, der zur Fahne schwur
und seinen Schwur gehalten.
Der Regen wusch den Namen ab –
Verloren und vergessen!
Soldatengrab, Soldatengrab,
das keine Tränen nässen.

Sein schönstes und letztes Gedicht, „Makkabäer“, hat er auf dem zerstörten jüdischen Friedhof von Radymno geschrieben. Das fast unleserliche Manuskript traf fast gleichzeitig mit der Todesnachricht in der Redaktion der „Jüdischen Zeitung“ ein:

Heute darf ich den Genossen
Makkabäerlieder sagen,
Weil ich selbst ein Schwert getragen
und mein rotes Blut vergossen.
Heute keine Siegeslieder,
heute keine Freudenkerzen –
Beugt euch mit zerrissnem Herzen
zur entweihten Erde nieder!
Noch ist nicht die Zeit vollendet,
Noch ist nicht das Land gereinigt,
Noch wird unser Volk gesteinigt,
Unsre Tempel sind geschändet.

Das Kriegserlebnis hat den Kriegsliederdichter zum Pazifisten gemacht.

Der Erfolg von Zuckermanns Gedichten ist natürlich ein politisches und soziales Phänomen, aber er war literarisch gerechtfertigt. Man kann es noch immer als Zeichen des Verfolgungssyndroms verstehen, daß die österreichischen Juden diesen Zionisten als einen österreichischen Patrioten, als Kriegsopfer vorgezeigt haben.

Er selbst hat seinen Ruhm nicht erlebt. Er war ein heimlicher Dichter zu Lebzeiten. Aber der Ruhm hat den Krieg, in dem er entstanden ist, nicht lange überdauert. Einen bescheidenen Platz hat er sicher nicht nur in der österreichischen Sozial-, sondern auch in der Literaturgeschichte verdient, dieser Hugo Zuckermann, der, hätte er überlebt, trotz höchster Auszeichnungen in der Gaskammer geendet wäre, wäre er nicht rechtzeitig in das verheißene und von ihm so inbrünstig als fernes Ideal besungene Israel gekommen.

Otto Soyka

Geboren 1882 in Wien
Gestorben 1955 in Wien

Otto Soyka gehört als Autor der Zwischenkriegszeit zu der vergessensten Generation. Diese Autoren sind schon zu weit von uns weg, als daß man sie noch kennt, aber auch zu nahe, als daß sie als Gegenstand der Literaturforschung interessant wären. Neuerdings gibt es etliche Bemühungen. Sie haben aber allein politische Interessen. Sie beschränken sich auf die weltanschaulichen Extreme und messen dabei der offiziösen Literatur ebenso zu große Bedeutung zu wie der linken Opposition und der ideologischen Widerlegung der rechten Opposition. Die Literatur der Zwischenkriegszeit war, was natürlich auch von politischer Relevanz ist, politisch weitgehend indifferent. Die politischen Bekenntnisse standen nur am Beginn und am Ende.

Die Wurzeln dieser Zwischenkriegsgeneration lagen natürlich in der Monarchie, sie hat sie geprägt, auch noch in der Ablehnung des Vielvölkerstaates.

Otto Soyka ist Jahrgang 1882. Einer größeren Öffentlichkeit ist sein Name 1904 bekannt geworden, in der „Fackel“ von Karl Kraus, in der er, von ganz ephemeren Veröffentlichungen abgesehen, praktisch debütiert hat, etwas, wessen sich wenige junge Wiener Autoren rühmen konnten.

Soyka hat in einem 1953 geschriebenen und veröffentlichten Beitrag über seine „Begegnungen mit Karl Kraus“ erzählt, wie es dazu gekommen ist. „Mein Stiefbruder Siegbert Ehrenstein, des Dichters Albert Ehrenstein Vetter, hatte 1896 in Ischl die Bekanntschaft eines gleichaltrigen Wiener Literaten gemacht: er hieß Karl Kraus. Sie waren beide einundzwanzig, ich, eben Absolvent der vierten Realschulklasse, vierzehn. Mein Stiefbruder hatte viel literarisches Interesse und war ein idealer Zuhörer. Karl Kraus wußte zu erzählen – und er sprach respektlos von all den anerkannten Größen, mit denen er im Cafe Griensteidl in Beziehung stand. Im Ischler Wochenblatt erschien ein Feuilleton von mir; es war meine erste Bekanntschaft mit der Druckerschwärze. Wenn das Ischler Wochenblatt herauskam, pflegte Karl Kraus im Gespräch mit meinem Stiefbruder die literarischen meist von Wiener Kurgästen stammenden Beiträge zu zerpflücken. Meine drei Spalten zerpflückte er nicht. – ‚Einfach, ganz ohne Prätention, aber nicht schlecht‘, fand er und war darob verwundert. – ‚Das ist von meinem kleinen Bruder.‘ – Da ließ er sich den kleinen Bruder bringen. Ich lernte auf der Esplanade einen sehr blassen Menschen kennen, zart, mit ausdrucksvollen Augen und einer besonders modulationsfähigen Stimme. Er lobte mein Feuilleton . . .

Zweite Begegnung, 1904, am Burgplatz vor dem Volksgarten . . . ‚Warum schreiben Sie nichts für mich?‘ . . . Drei Tage später, um 12 Uhr nachts, im Café Ronacher, las er meinen Artikel über Oscar Wilde. ‚Das ist sehr gut, das druck ich ab‘, entschied er, und damit war ich Mitarbeiter und automatisch Mitglied der Tafelrunde am Kraus-Tisch geworden.“

Das Ressort Soykas in der „Fackel“ wurde Erotik und Sexualität, Sozialkritik, Schulfragen. Im „Fackel“-Heft 287 erschien unter dem obligaten Titel „Meine Schriften“ ein Zitat einer Besprechung Soykas von Kraus' „Sittlichkeit und Kriminalität“ als Nachdruck aus dem „Mährisch-Schlesischen Korrespondenten“ in Brünn. Tatsächlich war der Essay im Auftrag von Karl Kraus geschrieben und von ihm plaziert worden, um in der „Fackel“ zitiert werden zu können. Soyka erzählt die Entstehungsgeschichte: „Sozialkritische Essays der ‚Fackel‘ waren soeben im Sammelband ‚Sittlichkeit und Kriminalität‘ erschienen. ‚Ihr Thema‘, sagte er. ‚Warum schreiben Sie nicht über das Buch?‘ Ich hatte viel über das Buch zu sagen. Schreiben – gern. Aber ich wußte keine Möglichkeit, den Artikel unterzubringen. – ‚Überlassen Sie das mir!‘ Das Manuskript meiner Kritik zeigte ich Polgar. ‚Mehr Kritik, als Kraus verträgt‘, meinte der. ‚Ihre gute Beziehung zu ihm könnte damit ihr Ende finden.‘ Er zeigte die Kritik einem früheren ‚Fackel‘-Mitarbeiter. ‚Wieder so eine Lobhudelei‘, sagte der. Polgar behielt nicht recht. Eine Stunde, nachdem Kraus den Artikel mitgenommen hatte, rief er an: ‚Ich würde sagen, daß ich mich geschmeichelt fühle, wenn ich nicht sagen müßte, ich bin durchschaut.‘

Das Manuskript trat die Reise zu den Adressen, die Kraus mir gab, an. Es kam von überall zurück, zuletzt von Alfred Kerr. Den Artikel aber brachte der Brünner ‚Tagesbote‘. Ich hatte begriffen, daß es Kraus nicht auf die literarische Qualität der Zeitung ankam, in der er besprochen wurde. Durch den Abdruck in der ‚Fackel‘ brachte er jede dieser Kritiken vor sein eigenes Publikum.“

Mit Soykas Abschied vom Kraus-Tisch hörte auch die Mitarbeit an der „Fackel“ auf. Aber er ist nicht wie viele anderen „Fackel“-Mitarbeiter ein Abtrünniger geworden. „Für jene Sozialkritik, die einst im Vordergrund stand, war ich wahrscheinlich der berufenste Weggenosse gewesen. Bei Lyrik und Aphorismen wollte ich gerne anderen, Berufeneren, das Wort lassen. Aber ich war mir bewußt, daß ich mein friedliches Schiff, es mag einer Privatjacht verglichen sein, nicht von der Seite des Schlachtschiffes Kraus steuern konnte, ohne zu riskieren, daß mir eine Geschützsalve nachgesandt wurde. Denn wer im inneren Kreis war und sich entzog, machte sich verdächtig. Ich versuchte es nicht, in einer Aussprache die Situation zu klären. Karl Kraus' Reaktion kannte ich ja genau. Also überließ ich es meinen Freunden, Viertel, Münz, den anderen zu erklären, daß ich zwar nicht mehr ein Angehöriger des inneren Kreises, aber doch kein Apostat sei.“

Es hat weiter eine Art Sympathie bestanden, abgekühlt natürlich, nachdem Soyka den Stammtisch verlassen hatte, an dem er, wie Fritz Wittels in seinem Anti-Kraus-Roman geschrieben hat, als „das lächelnde Kind" gesessen ist. Diesen Kraus-Tisch hat er so charakterisiert: „Es war ein totalitärer Tisch. Nicht einmal die Fiktion einer freien Meinungsäußerung gab es. Thema war die ‚Fackel', Thema waren die Feindschaften von Karl Kraus."

Die Geschützsalve kam, als Soyka für die Münchner Illustrierte den Roman „Das Glück der Edith Hilge" schrieb. Man machte eine Riesenpropaganda, die zeigt, wie geschätzt der Romancier Soyka damals war. Es wurde ein 100.000 Mark-Preisausschreiben veranstaltet: Wer ist der Täter? Das erste Romankapitel wurde als Annonce in den Wiener Zeitungen abgedruckt. Kraus fragte, ob das wirklich der Otto Soyka sei, dem die „Fackel" Gelegenheit geboten hatte, bekannt zu werden. Aber als Soyka einige Monate später schwer erkrankte, schickte Kraus einen seiner Jünger zu ihm, um sich nach seinem Befinden zu erkundigen. Und als er 1926 literarische Fehden hatte, bot ihm Kraus an, wenn er davon Gebrauch machen wolle, habe er die „Fackel" hinter sich.

Den vielgelesenen Romanschriftsteller Soyka hat Kraus sicherlich als Abstieg empfunden. Er hat mit Kriminalromanen großen Erfolg gehabt. Der bekannteste hieß „Die Traumpeitsche" und handelte von der Beherrschung der Mitmenschen durch die Kraft der Willensbeeinflussung. Suggestion als Verbrechen. Soyka ist in seinen Kriminalromanen immer ein Anwalt der Täter und des Humanismus. Der interessanteste von seinen frühen Romanen ist 1919 erschienen und hieß „Im Joch der Zeit". Das ist in expressionistischer Diktion geschrieben, die damals modern war. Eine Art Kasimir Edschmid mit wienerischer Melancholie. Es gibt die typische expressionistische Aufbruchstimmung, aber die Ideale und Ideologien werden von einem Realismus gedämpft. Der Manierismus des Expressionismus hat etwas Elegantes bei ihm.

Soyka ist dann emigriert und wie viele Autoren seiner Generation in der Emigration vergessen worden. In den fünfziger Jahren ist er nach Wien zurückgekehrt, krank, in prekärer wirtschaftlicher Lage, ein müder, alter Mann.

Martina Wied

Geboren 1882 in Wien
Gestorben 1957 in Wien

Die österreichische Literatur der Zwischenkriegzeit wird langsam entdeckt. Allerdings nur die Vertreter der offiziellen Literaturrichtung und die Handvoll Autoren, die sich ihr widersetzt haben. So entsteht das Bild, als ob es nur Nazis, ein paar hoffnungslose Konservative und einige revolutionäre Sozialisten gegeben hätte. Den Roman, der vielleicht am deutlichsten die Stimmung der dreißiger Jahre ausdrückt, habe ich in keiner dieser Bestandaufnahmen gefunden. Er heißt „Rauch über St. Florian“ und ist von Martina Wied, einer Frau von universeller Bildung, einer tiefgründigen Kritikerin, die in den Nachkriegsjahren in Essays die Wiener mit den großen Romanen von Bernanos und Green bekannt gemacht hat. Sie ist viel gereist, hat den Krieg als Lehrerin in Schottland verbracht und war mit vielen bedeutenden Geistern ihrer Zeit bekannt, die sie auch in ihren Romanen porträtiert hat. Leicht erkennbar sind die beiden Antipoden Georg Lukacs und Paul Ernst, der marxistische Theoretiker und der zum Neokonservativismus Gewandelte, die einander in ihrer Jugend tatsächlich nahe gestanden sind. Sie hat bereits in den zwanziger Jahren publiziert, Lyrik und Dramatisches, wofür sie 1924, übrigens mit Robert Musil und ihrem Förderer Otto Stoessl, einen Preis der Stadt Wien bekommen hat.

Ihr Hauptwerk sind ihre Romane. Ihren ersten Roman hat sie zwischen 1933 und 1936 geschrieben. „Rauch über St. Florian“ ist, was sonst dieser Roman noch ist, ein Rarissimum nicht nur der österreichischen Literatur. Ein Buch leicht faßlicher Unterhaltung für ein großes Publikum, das höchste literarische Ansprüche erfüllt und überdies ein Zeitklima ausdrückt, die bewußte Entdeckung des Österreichischen als Reaktion auf den damals grassierenden Deutschnationalismus. Der Roman hat übrigens auch nach 1945 Erfolg gehabt. Er ist sogar in die Buchgemeinschaften vorgedrungen.

Man kann „Rauch über St. Florian“ als Schlüsselroman lesen. Paul Ernst, mit dem Wied befreundet war, ist unverkennbar der Ambros. Und St. Florian ist in Wahrheit das südsteirische St. Georgen, wo der führende Vertreter des deutschen Neoklassizismus seine letzten Lebensjahre verbracht hat. Er ist „ein Gast vom Mond oder vom Mars“. . . , arrangiert sich die Menschen ein bisserl, . . . wie er sie zu seinem Behagen braucht. „In seiner Tafelrunde mit ihrer verflucht subspecie-aeternitatismäßigen Atmosphäre weiß er jedem Mitglied das abzufordern, was es ihm zu bieten hat. Doch trotz reicher komischer Züge bleibt in dieser Gestalt die Größe einsamen Schöpfertums fühlbar“, wie Roland Heger schreibt.

Es ist die Geschichte der Flucht einer Frau aus der Geborgenheit der bürgerlichen Ehe in eine Liebesleidenschaft zu einem letztlich Unwürdigen. Dieses Thema ist weitläufig mit den Geschicken des Dorfes verbunden, die dominierende Gestalt von Paul Ernst ist ebenso souverän einbezogen wie eine Fülle von Episoden, unter denen der Briefträger vielen Lesern unvergeßlich sein wird. Bewundernswert die reiche Komposition, die immer überschaubar bleibt, die Zeichnung der Verbundenheit von Mensch und Landschaft. Man könnte sagen, ein weitläufiges Werk des Regionalismus. Ihre österreichische gefärbte Sprache hat großen epischen Atem. Das TV sucht Stoffe. Hier wäre der Stoff für einen großen österreichischen Handlungsfilm.

Adalbert Schmidt und Roland Heger, die in ihren Literaturgeschichten ihre Bedeutung erkannt haben, bezeichnen als ihr Hauptwerk den Roman „Die Geschichte des reichen Jünglings“, an dem sie fünfzehn Jahre gearbeitet hat und der ein noch immer aktuelles Thema behandelt. Der reiche Erbe will sein soziales Gewissen beruhigen. Georg Lukacs ist darin als Vorbild für den kommunistischen Ideologen zu erkennen. Martina Wied soll in den zwanziger Jahren, als Lukacs in der Wiener Emigration lebte, auf Betreiben Paul Ernsts versucht haben, ihn von der Politik und wohl auch vom Kommunismus abzubringen. Der reiche Jüngling leidet am bürgerlichen Versagen. Heilung sucht er im Untertauchen im Antibürgerlichen. In der moralischen Verkommenheit einer Frau, der er sich sklavisch unterwirft, in der Unterstützung eines kommunistischen Agitators, dessen Programm er sich schließlich unterwerfen will. Experimente, um dem Schuldgefühl zu entkommen. Als der Roman 1952 erschien, war noch gar nicht auszumachen, wie aktuell seine Problematik werden sollte.

„Kellingrath“ spielt in einer Irrenanstalt, die Martina Wied als „Asyl zum obdachlosen Geist“ bezeichnet. Das ist fast eine Aussteigergeschichte. Der anonyme Direktor einer Irrenanstalt im Niederösterreichischen erzählt von dem Literaturhistoriker Kellingrath, den seine Familie einliefert, um ein ungerechtfertigtes Entmündigungsverfahren einleiten zu können. Er nimmt ihn auf, als Kellingrath ihn um „ein Asyl bittet, wo niemand Ansprüche an ihn stellen kann“. Romanfiguren, die keine andere Zuflucht mehr wußten als das Irrenhaus, hat es nach Martina Wied viele gegeben. Sie sieht auch die Hybris dieses „selbstherrlichen Eremiten“: seinen Masochismus, der im Leid badet, die Sucht zur Selbstzerfleischung und Selbstvernichtung, die alle sozialen Schranken durchbricht. Die mögliche Rettung Kellingraths verhindert wieder ein fanatischer Sektierer, der die fleischliche Erlösung als eine Sünde wider den Geist anprangert. Fazit: Der erzählende Arzt wird selbst zum Aussteiger.

Martina Wied hat in ihren Romanen viele ideologischen

Auseinandersetzungen unserer Zeit vorweggenommen. Oder vielmehr in ihrer Brisanz gezeigt. Es kommt dabei nicht darauf an, ob sie die an ihrer als sinnlos erkannten oder geglaubten Existenz leidenden Weltflüchtlinge scheitern läßt oder sie, wie den reichen Jüngling, überraschend in einer trivialen Ehe vor dem Absturz bewahrt. Eine Welt aus ideologischen Verführern und schwachen Bürgern, die ihr Erbe nicht mehr bewahren wollen, die an dem Unrecht leiden, dem sie nicht nur Besitz, sondern ihre Bildung, ihre Kultur, die Schönheit ihrer Welt verdanken.

Eine Art Ausweg hat sie in ihrem letzten Roman „Der Ehering" konstruiert. Ein triviales Ehedreieck. Der alternde Mann begegnet der Frau, die ihm wesensverwandt ist. Hat er ein Recht auf Glück? Hat sie ein Recht auf Treue? „Immer steht ein Recht gegen das andere, und immer bringt ein vermeintliches Recht seinen Anspruch gegen das andere vor, und aus dem vielgestaltigen Recht der vielen einzelnen ergibt sich das große allgemeine Unrecht . . . Es gibt nur eine Rettung, indem der einzelne es vermeidet, sein Recht auf Kosten der anderen durchzusetzen. Darin ist mein Christentum beschlossen, meine Weltanschauung, ich kann nicht anders."

Otfried Krzyzanowski

Geboren wahrscheinlich 1883 in Villach
Gestorben vermutlich 1918 in Wien

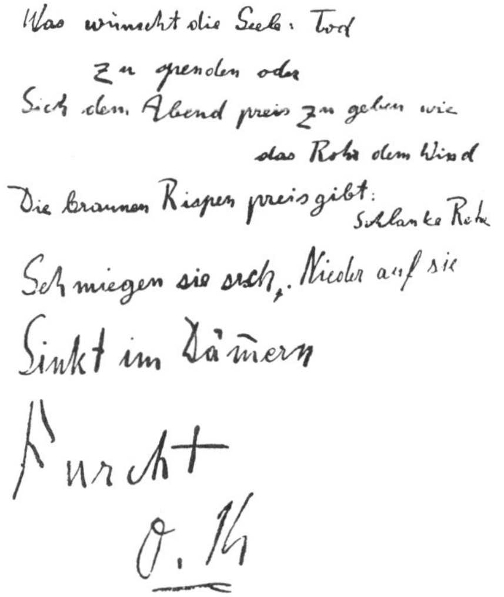
Was wünscht die Seele: Tod
zu spenden oder
Sich dem Abend preis zu geben wie
das Rohr dem Wind
Die braunen Rispen preisgibt:
schlanke Rohr
Schmiegen sie sich, Nieder auf sie
Sinkt im Dämmern
Furcht
O. K

An Otfried Krzyzanowski erinnert man sich, wenn überhaupt, als den Schriftsteller, der, was selbst für damalige Verhältnisse ungewöhnlich war, 1918 oder nach anderen Zeugnissen auch 1919 in Wien, „der unbarmherzigsten Stadt der Welt“, verhungert ist. Oder vielmehr verhungerte, als er die Grippe bekam, die damals viele Opfer forderte. Er konnte nicht mehr ins Café betteln gehen. Bis er seinen Kaffeehausfreunden abging, war es zu spät.

Genaue Daten weiß man nicht. Vermutlich ist er 1883 in Villach geboren und in gutbürgerlichen Verhältnissen aufgewachsen. Er studierte angeblich klassische Philologie. Aber er war bald der verlorene Sohn, das verkommene Individuum. Nicht einmal das Todesdatum weiß man genau. Nach Werfel ist er im November 1918, nach Franz Blei im Februar 1919 gestorben. Nicht einmal darüber ist man sich ganz klar, ob er zu Hause verhungert ist oder im Spital sein Leben ausgehaucht hat.

Es gibt nur ein Buch von ihm oder vielmehr ein Heft. Aber es ist in einer berühmten Reihe erschienen. Hier veröffentlicht zu werden, hat für viele Literaten den Durchbruch und Eintritt ins literarische Leben bedeutet. Krzyzanowski war schon ausgetreten. Der Gedichtband „Unser täglich Gift“ ist in der Reihe „Der Jüngste Tag“ bei Kurt Wolff erschienen, in der die neue Generation durchgesetzt wurde, unter anderen auch Kafka, Benn, Kokoschka, Sternheim, Trakl.

Wir wissen zwar nichts Genaues über ihn, aber wir haben relativ gute Beschreibungen von ihm. Er war eben eine zu auffallende Erscheinung in der Wiener Bohème. So lebt er weniger als Autor, denn als Objekt der Literatur. Werfel hat ihn in seinem Roman „Barbara“ unter dem Namen Gottfried Krasny ausführlich porträtiert und sogar zwei Gedichte von ihm zitiert. Wie Herbert Schöffler, der Herausgeber des Nachdruckes des „Jüngsten Tages“ im Anhang ausführt, betrachtet Werfel Krasny-Krzyzanowski „zugleich mit fasziniertem Abscheu und schuldbewußtem Respekt“. Eine Empfindung, die sein Freund Fritz Lampl, der 1946 und 1947 in den „Agathon“-Almanachen noch einige Krzyzanowski-Texte veröffentlichte, teilte: „. . . sein Wesen stieß mich ab und zog mich an“. Dieser Lampl und Franz Blei haben gute Charakterisierungen von ihm hinterlassen, Fritz Reck-Malleczewen hat überliefert, was ihm Leo Perutz erzählt hat. Es gibt eine Reihe von Anekdoten über ihn. Angeblich war er nach dem Urteil eines seiner damaligen Freunde so verdreckt, daß man sich scheute, ihm die Hand zu geben. Er lebte im Café, wo er von den erfolgreichen Autoren seinen Tribut einhob. Er hat sie dabei, wie einige Anekdoten zeigen, keineswegs geschont. „Herr Werfel“, soll er einmal gesagt haben, „Sie nehmen die Partei des lieben Gottes, aber der hat Sie nicht gebeten, der hat Ihre Anwaltschaft nicht nötig.“ Ein anderes Mal zu Werfel, nachdem er mit ihm essen war (natürlich auf Werfels Rechnung): „Seit ich Sie gestern nachtmahlen gesehen habe, glaube ich nicht mehr an Ihr Christentum.“ Vom Steueramt verlangte er für das Ausfüllen des Fragebogens zwölf Kronen Honorar. Und als ihm Perutz einen Posten verschaffen wollte, bei dem er nur vormittag ein wenig hätte arbeiten müssen, rief er durch das Café: „Herr Perutz hat mir soeben einen unsittlichen Antrag gemacht!“

Er war ein Aussteiger oder, wie man heute sagen würde, ein Sandler. Lampl schreibt: „Erfolg war ihm verdächtig. Würde lächerlich und Mammon Raub.“ Deshalb war er überzeugt, daß er berechtigt sei, von den Honoraren der anderen, die er Schandgeld nannte, seinen Anteil einzuheben. Denn sie bewahre nur ihre Tüchtigkeit und ihre Gemeinheit davor, so auszusehen wie er. Aber er klagte nicht an, seine Existenz war Anklage. Vom Bettel zu leben, erschien ihm die einzig erlaubte Lebensführung des Dichters.

Franz Blei schildert sein Begräbnis: „In zwei Droschken fuhren wir, acht oder neun, auf den Zentralfriedhof. Die rivalisierenden Stammgäste der beiden Cafés hatten sich wohl in die Beerdigungkosten zusammengefunden, aber den Leichenredner wollten sie einander nicht gönnen. So ernannten sie mich dazu . . . Die zwei Arbeiter, welche den Sarg in die Grube gelassen hatten, stellten sich ein bißchen abseits, der eine zündete sich eine Pfeife an, der andere pflückte Hagebutten von einer Staude und kiefelte daran. Es ging ein feiner Regen nieder, und der heraufgeschaufelte Lehmhügel gab ein bißchen nach, auf den ich mich stellte, um vor den acht Leidtragenden, die sich auf mich geeinigt hatten, die Trauerrede auf einen Dichter zu halten, den ich am wenigsten von diesen acht gekannt hatte, so wenig, daß ich ihn immer Ottmar statt Otfried nannte. Ich hörte wohl während meiner Rede, daß man mir was zuflüsterte, aber erst beim dritten Male, als ich gerade erzählte, wie der liebe Gott die Bettlerhand des Dichters ergreifen würde, mit den Worten: Ottmar . . ., da verstand ich, daß man mir immer leise ‚Otfried‘ zugerufen hatte. Nun war's aber nicht mehr zu reparieren, und ich blieb dabei: ‚Ottmar, wird er sagen, denn der Erbarmer ist auch allmächtig . . .‘ Ich glaubte, mit diesem Scherz die Situation retten zu müssen, denn es war von fernher auch eine Schwester des Verhungerten gekommen, die da frierend und weinend stand, nicht wußte warum, denn sie hatte den Bruder seit zehn Jahren nicht mehr gesehen.“

Seinen Vornamen verwechselte auch Fritz Reck-Malleczewen, er nannte ihn Walter, schilderte aber sehr anschaulich, wie er „mit melancholischen Augen ins Leere sah“.

Bei einem solchen Leben stellt sich die Frage: War das Werk dieses Opfer wert? Wenn es ein Opfer war. Eines kann man sicher sagen: Seine Gedichte haben die der meisten anderer Autoren des „Jüngsten Tages“, auch Berühmter, überdauert. Keine Masche, keine Mode. Blei nannte seine Lyrik scheu, verhalten, fast puritanisch streng. Reck-Malleczewen spricht von den bis auf die Knochen schneidenden Versen. Vieles im „Jüngsten Tag“ ist nur Literatur. Krzyzanowskis Verse haben die viel namhafterer Autoren überlebt.

„Unser täglich Gift.“ Der Titel klingt prophetisch. Er hat erst in unserer Zeit seine ganze Aktualität. Er meint natürlich das Gift unserer Gedanken, Wünsche, Phantasien, wie er sie in „Erwachen bei der Geliebten“ ausdrückt:

Die Holde schläft: zu früh bin ich erwacht:
Ein Wort ist süß und gelte diese Nacht.
Ich werd’ es heute nicht, nicht morgen tun
Doch irgendwann und selig kann ich ruhn.
Ich töte dich.

Vom Tod ist viel die Rede. Überraschend das Neben-, ja Miteinander von Naivität und großer Kunstfertigkeit, ja Künstlichkeit in „Es gibt doch Süße“:

Es brennt die Scham: denn grabhin zieht
Uns Torheit durch die Stunden.
Ich hätte bald ins böse Lied,
Ins Urteil mich gefunden.

Es gibt doch Süße! Zu gestehn
Fällt schwer: ein Kind kann zwingen.
Es bleibt die Scham: denn grabhin sehn
Wir Furcht und Klagen schwingen.

Oskar Jellinek

Geboren 1886 in Brünn
Gestorben 1949 in Los Angeles

Der 21jährige Oskar Jellinek hat mit einem Theaterbuch debütiert. „Das Burgtheater eines Zwanzigjährigen" ist ein temperamentvolles Plädoyer aus Schauspielerporträts, Stückanalysen und Forderungen eines Stehplatzbesuchers. Aber als Autor ist er dann dem Theater ausgewichen. Er hat in einer dem Theater sehr nahe verwandten Form sein Ausdrucksmittel gefunden, in der dramatischen Novelle. Es sind Schicksalstragödien, die er gestaltet. Bereits in der ersten Geschichte, mit der er 1924 ein angesehenes Novellenpreisausschreiben gewonnen hat. Die Geschichte heißt „Der Bauernrichter" und schildert in packender, psychologisch untermauerter Dramatik, wie ein Richter, ein Schwächling, einmal zu geradezu dämonischer Kraft erwachend, seine ehebrecherische Frau tötet.

Jellinek war selbst Richter, bevor er sich der Schriftstellerei widmete. Er hat immer wieder exemplarische Gerichtsfälle in seinen Novellen gestaltet. Seine zweite Novellenveröffentlichung „Die Mutter der Neun“ gestaltet wieder eine ausweglose Situation in einer Mischung aus Parabel, Ballade und Erzählung. Eine Frau tötet den Sohn des Grafen, der sie der Qual aussetzt, unter ihren neun Söhnen, die wegen Aufruhrs zum Tode verurteilt worden sind, einen zu wählen und loszubitten. Jellinek suchte krasse Stoffe und erzählte sie in folgerichtiger Dramatik. Auch in „Hankas Hochzeit“. Die robuste Hanka, die einen Geliebten hat, tötet ihren Mann und täuscht einen Raubmord vor. Die Geschworenen sprechen sie frei. Bei ihrer Hochzeit wird sie durch Zufall vom eigenen Kind überführt.

Seine Erzählungen rufen nach Dramatisierung. Die von „Valnocha der Koch“ hatte einen großen Theater- und Fernseherfolg. Ich halte sie für seine beste Erzählung. Es war auch ihm seine liebste Geschichte. Der Batteriekoch Valnocha verdächtigt seinen Leutnant, seine Geliebte Zdenka verführt zu haben. Er kommt nicht los von seiner Eifersucht, er muß den Leutnant beseitigen. Er bereitet Giftschwämme, wird zum Massenmörder an den Offizieren, nur der Leutnant war zufällig nicht bei Tisch. Valnocha richtet sich selbst, wie andere Jellinek-Helden auch.

Alle diese Geschichten spielen in Mähren. Diese mährische Landschaft ist in den Novellen Jellineks in einer geradezu mythischen Weise gegenwärtig. Oskar Maurus Fontana hat diesbezüglich auf die Verwandtschaft mit einem anderen vergessenen Autor, Julius Jakob David, hingewiesen: „Vieles hat Oskar Jellinek mit David gemeinsam, nicht nur das stille, nur sich selber gehorchende Schaffen und dabei den weltoffenen Blick, sondern vor allem das Bluthafte, das aus Dumpfheit sich Losringende, plötzlich alle strengen Satzungen Zerbrechende und dabei das von uralter heiliger Form Erfüllte und Bestimmte, das Emporreißen des kleinen Lebens zur Monumentalität, zur ‚Saga‘. Immer war es die Landschaft selbst, die den beiden Dichtern die Geschichten schenkte, immer floß das gleiche schwere, heimlich singende Blut in den Erzählern wie in den Menschen, von denen sie berichteten und die sie vor uns lebendig erstehen ließen mit ihren vergänglichen Leibern und unsterblichen Seelen.“

Aber auch das Milieu der alten Armee ist in „Valnocha der Koch“ meisterhaft getroffen. Jellinek kämpfte die vier Kriegsjahre an der italienischen Front als Artillerieoffizier. Franz Karl Ginzkey hat die „meisterhafte Schilderung der altösterreichischen Militäratmosphäre“ bei Jellinek gerühmt.

Der Dichter der mährischen Landschaft und immer der Dichter jener, die im Schatten stehen, der Dichter der Namenlosen, der vom Schicksal Geschlagenen:

Was macht meine Seele dichterstark?
Zwei Bettelkinder im Rathauspark,
Ein Arbeitsloser in Simmering,
Eine Mutter ohne Ehering.

Ich liebe die Großen des Lebens nicht,
Ihr Schicksal formt sich mir nicht zum Gedicht,
Doch einer Näherin Untergang
Kann werden mir zum Heldengesang.

Was namenlos hin durch das Dasein wallt,
Dem gebe ich Leben und geb' ihm Gestalt;
Der Verkürzten und der Verstrickten Schrei
Durchhallt meiner Dichtung Armenkanzlei.

Wen schon die Geschichte hob aus der Nacht,
Der braucht nicht des Künstlers verkündende Macht.
Ich präge, wen Gott zu prägen vergaß,
Ich bin der Historiker Valnochas.

Mich selbst hat der Ruhm nur leise gestreift,
Ich wandle im Schatten, der mich ergreift.
Mit meinen Geschöpfen in Reih und Glied
Sing ich ihr klagendes Lebenslied

. . .

An Goethes Enkel, über deren Geistes- und Lebenstragödie er einen Vortrag gehalten hat, hat ihn fasziniert, daß sie als „Schattengänger leben mußten, weil eine in die Wiege gelegte Mitgift höchsten Gepräges sich als zersetzendes Gift erwies“. Aus dem Vortrag wurde 1938 ein Buch, das bereits in Zürich gedruckt werden mußte. Jellinek befand sich auf der Flucht vor Hitler. Jellinek schrieb in sein Tagebuch: „Ausgestoßen, lebte ich nur körperlich an der Stätte, aus der ich gestoßen war, und das bitterste Heimweh war das in der Heimat selbst." Er übersiedelte nach Brünn. „Aber die Tragödie des tschechoslowakischen Staatsgebildes war schon ins Rollen geraten." 1939 entkommt er nach Paris und 1940 nach einer Internierung nach New York. „Hier zeigt sich bald, daß die Wunde der Trennung von der verlorenen Heimat unheilbar ist. So entwurzelt fühlt sich kein Erbbauer, dem man die Scholle entreißt, wie dieser österreichische Dichter in der endgültigen Abgeschiedenheit von seinem Sprachboden."

Oskar Jellinek hinterließ ein schmales Werk, das 1950 noch einmal in einem Band vorgelegt worden ist. In Castles Literaturgeschichte wird er auch als Lyriker gerühmt: „Er hat wenige Ebenbürtige zur Seite. Keiner Richtung hörig, ruht er ganz in sich, ein einsamer Gipfelbaum." Es ist eine lapidare Lyrik, kurz angebunden und konzentriert wie seine erzählende Prosa:

Es rührt der Urgrund aller Wesensdinge
Zu manchen Zeiten mich zu erschütternd an,
Ich bin dafür zu machtlos aufgetan.
Die Welt geschieht in mir zum ersten Mal.
Ich bin Dein Prüfling, Gott, für jede Qual.

Einen Monat vor seinem Tod schrieb er in seiner letzten Heimat Los Angeles sein letztes Gedicht:

Tage kommen und wandeln,
Bis der Abend erglimmt.
Keiner, der nicht einem Kinde
Seine Mutter nimmt,
Keiner, der nicht einer Mutter
entreißt ihr geliebtes Kind,
Keiner, der Anderer Leben
Nicht als ein Lichtstrom durchrinnt.
. . .
Bis dann so Diesem wie Jenem
Stillsteht die wandelnde Schar,
In den ungleichen Schalen
Nicht mehr Freuden und Qualen
Nur auf den Stirnen, den fahlen
Noch ein erlöschendes War.

Robert Müller

Geboren 1887 in Wien
Gestorben 1924 in Wien

Robert Müller war ein sehr fruchtbarer und zu seiner Zeit angesehener Schriftsteller, dessen Werke bei Erich Reiss und S. Fischer sowie in allen angesehenen Zeitschriften erschienen sind. Sein Hauptwerk heißt „Tropen“. Wieder veröffentlicht wurde nach 1945 seine Novelle „Inselmädchen“. Er hat gegen Karl Kraus polemisiert, den er in seinem Stück „Politiker des Geistes“ auch unter dem Namen Ekkehard Meyer auf die Bühne gebracht hat. Er war „exotischer Erzähler, expressionistischer Aktivist, kulturphilosophischer Essayist und literarischer Manager“, wie Helmut Kreuzer, der Herausgeber einer ersten Publikation über Robert Müller, formuliert hat. Man kann noch einiges anführen, Karl-Kraus-Gegner, Freund Egon Schieles und Robert Musils, von denen der eine ihn porträtiert und der andere ihm einen Nachruf gewidmet hat, Mitstreiter Kurt Hillers. Er ist die reinste Verkörperung des Expressionismus, die Österreich hervorgebracht hat. Er spiegelt seine Zeit in seinem Traditionalismus ebenso wie in seinen revolutionären Ideen, er war ein Ideologe, ein Utopist, der dem Geist die Politik, den Intellektuellen die Macht übertragen wollte und dabei für uns Nachgeborene verdächtig in die Nähe faschistischer Gedankengänge geraten ist. Er sah sich als „Gentleman und Bolschewik", wie der Titel eines seiner Essaybände lautet. Ein Mann seiner Zeit, in dessen Werk viele Ideen dieser Zeit ausgeprägt sind, darüber hinaus aber ein Prosa-Autor von Rang.

Die erste selbständige Publikation des 27jährigen war eine Polemik gegen Karl Kraus: „Karl Kraus oder Dalai Lama, der dunkle Priester. Eine Nervenabtötung." Sie war die Nummer 1 einer Monatsschrift für großösterreichische Kultur und Politik, die auch die letzte geblieben ist, im Selbstverlag erschienen. Der Titel: „Torpedo". So wollte er wirken: rasch, explosiv, im Zuschnitt der technischen Moderne. Auch Krausianer gestehen ihm zu, daß er der einzige Pamphletist gegen Karl Kraus blieb, der seinem Thema sprachlich gewachsen war. Ein Satz wie dieser könnte von Kraus sein: „Die Sonne bringt es eventuell an den Tag, die Fackel aber holt es aus dem Tagblatt."

Zwei verwandte Temperamente, nur ihre Selbsttäuschungen unterscheiden sie. Der zukunftsgläubige Robert Müller war der Exponent der Gegenwart, ihrer Illusionen und ihrer Chaotik, ein Visionär des Kommenden, der überzeugt war, daß der Geist sich nun die Technik und das Geschäft unterordnen werde. Karl Kraus maß die Gegenwart an der Ewigkeit, die Unvollkommenheit an seinen Begriffen von Vollkommenheit. Zwei Utopien stießen hier aneinander, die Hoffnung auf die Ewigkeit und der Glaube an die Zukunft, die Utopie des Satirikers, der verwirft, was der Harmonie der Welt widerspricht, und die Utopie des Idealisten, der seine zeitbezogenen und zeitbedingten Vorstellungen verwirklichen will. Robert Müllers Geistmensch ist in den Nachkriegswirren jedenfalls nicht geboren worden. An seine Stelle ist in der Wirklichkeit und auch im Werk von Robert Müller der Schieber getreten.

Kraus hat sich Jahre später gerächt. Robert Müller ist der Harald Brüller in Kraus' magischer Operette „Literatur". Darin schwärmt die Brüller-Anhängerin von ihrem Idol:

Gott, ich sag dir – der Brüller – ich flieg auf ihn tamisch,
so ist das ein Wunder, er ist doch dynamisch.
Was hab ich von den andern, so blaß und so kränklich,
teils sind sie nachdenklich, teils sind sie bedenklich.
Pervers sein ist schön, doch auf die Dauer zu fad,
er allein, schau ihn an, hat den Willen zur Tat.
Unter Stimmungsmenschen ist er Aktivist,
und außerdem ist er der einzige Christ!

In seinen Essaybänden zum Krieg gebrauchte Robert Müller etwas unbedenklich seine Argumente für ein männliches Zeitalter, für das ihm der Nervenmensch und der Techniker geschaffen schienen. „Harte Güte und unsentimentale Milde" heißt da ein Satz, für den Nietzsche Pate gestanden ist.

Das wichtigste und vollkommenste Werk Robert Müllers erschien 1915: „Tropen. Der Mythos der Reise. Urkunden eines deutschen Ingenieurs". Erhard Buschbeck nannte es eine „merkwürdige Mischung von Sehnsucht des Kulturmenschen nach Auflösung im Elementaren und seinem Verlangen, dieses wieder unter die Kontrolle seines Verstandes zu stellen". Musil charakterisiert Müllers literarische Fähigkeiten, wenn er schreibt, „daß ‚Tropen', wie alle seine anderen Erzählungen, voll von Stellen sei, an denen sich eine Fähigkeit ohnegleichen zeigt, mit dem kürzesten und kühnsten Strich den geistigen Charakter von Menschen, Landschaften, Vorgängen, Problemen so scharf auszudrücken, daß man ihre Körperlichkeit einatmet". Die Prosa dieses Romans ist eine seltsame Mischung von Phantasie, Rausch, visionärem Pathos und nüchterner Intellektualität. Eine Prosa der Nerven. Die Sprache ist bestimmt, ja rechthaberisch, aber immer sinnlich. Eine Prosa, die berauscht und ernüchtert.

Das einzige Werk Robert Müllers, das bisher neu aufgelegt wurde, die Novelle „Das Inselmädchen", ist eines seiner schlüssigsten Werke. Ein Offizier, der auf eine Südseeinsel berufen wurde, um Eingeborenenunruhen zu bekämpfen, hat eine seltsame Liebesaffäre mit einer blutjungen Eingeborenen, der vom Gouverneur ein Ende bereitet wird. Nach seiner Flucht von der Insel glaubt er sie in Valparaiso in einer „Maison" wiederzufinden. Sie erkennt ihn nicht. Als er wieder an Bord ist, erzählt ihm ein amerikanischer Diplomat seine eigene Geschichte und stellt sie als politische Intrige dar. Das ist eine Vervielfältigung der Erzählaspekte, wie sie erst viel später modern geworden ist. Thema der Erzählung ist wieder die Geburt des elementaren Menschen, hier in eine elementare Landschaft gestellt, mit Kulturkritik, mit Exotik versetzt. Robert Müller sagt es selbst in der Melodramatik des expressionistischen Stils: „Wie aus dem Kosmischen einer Landschaft Seele wird."

Während die meisten Autoren, als der neue Mensch nicht kam, in die Natur geflüchtet sind, hat sich Müller der Wirklichkeit von Großstadt und Technik gestellt. Ihn interessierte die gesellschaftliche Entwicklung. Wenn er sich in seinen Zukunftsvisionen irrte, dann nur darin, daß das „proletarische Biedermeier", das er weissagte, bereits früher eingetreten ist: „An der Wende des 20. zum 21. Jahrhundert befanden sich die europäischen Gesellschaften und Staaten in einer geistigen Krise, die mit der feierlichen Ordnung, dem Wohlstand und der bürgerlichen Geruhsamkeit, die allenthalben herrschten, in seltsamem, beinahe unverständlichem Widerstreite stand. Nach riesigen, weltumspannenden Kriegen, die von sozialen Umstürzen gefolgt waren, war ein allgemeiner Erschöpfungszustand eingetreten. Die arbeitenden Klassen hatten sich durchgesetzt, es erwuchs eine kleinbürgerliche Demokratie."

Wirtschaftliche Schwierigkeiten mit einer Verlagsgründung, eine Frauengeschichte, Lebensüberdruß wurden als Motive seines Selbstmordes genannt. Musil vermutet Verzweiflung über die literarische Wirkungslosigkeit. Daß er von der Literaturproduktion zum Literaturhandel übergegangen war, sei nicht zuletzt in der Überzeugung geschehen, „daß in einer dem Kapitalismus unterworfenen Zeit ein Mann nur wirken könne, wenn er sich der Organisationskräfte des Geldes bedient". Sein Schriftstellerleben „war wie die Verwirklichung eines utopischen Romans und endete mit einem Romanschluß".

Ich schließe mit Otto Basils Aufruf an den „kongruenten Leser", den Robert Müller sich für seine Prosa erträumt hatte, in der „Flatterminen verborgen sind, es Unruheherde, Überraschungsmomente, schwelende Brände gibt". Robert Müller? „Ein unersättlicher, lebenshungriger Nimrod, der immer wieder durch gelbfiebernde Tropen, nie gerodete Wälder der Phantasie pirschte – ein Nimrod, der ebenso ein Nick Carter der ethischen Hintertreppe war."

Felix Grafe

Geboren 1888 in Humpoletz (Böhmen)
Hingerichtet 1942 in Wien

Felix Grafes hat man sich nach 1945 mehrmals erinnert. Aber nicht des Dichters, sondern des Naziopfers. Felix Grafe ist am 18. Dezember 1942 hingerichtet worden, weil er für seinen Schwager, der in Klosterneuburg eine Widerstandsgruppe leitete, ein Gedicht gegen Hitler geschrieben hat. Heinrich Mann hat ihm damals im BBC einen Nachruf gehalten, Ernst Waldinger ein Gedicht an ihn geschrieben und Alfred Kubin hat das erschütternde Blatt gezeichnet, das heute allgemein bekannt ist, der von einer Schlange abgewürgte Kopf Grafes.

Dabei war Grafe das absolute Gegenteil eines Politikers oder Aktivisten. Er war der Inbegriff des esoterischen Dichters, der seine Gedichte in bibliophilen Kleinstauflagen drucken ließ. Auch privat ein zurückhaltender Mann, der ganz in seinen bibliophilen Forschungen aufging, in dessen Charakter Verschlossenheit, Zurückgezogenheit und Stille begründet war. Als Dichter selbstkritisch, voll Scheu vor Publicity, ja vor einem größeren Publikum. Was bei oberflächlicher Lektüre an epigonale Züge erinnert, ist nicht selten durch seine Disziplin entstanden, die sich keine Ausbrüche gestattete, die wohl die Stile seiner Zeit verarbeitet, aber alles Schroffe daran geglättet hat.

Als Lyriker wurde er von keinem Geringeren als Karl Kraus entdeckt und in der „Fackel" gedruckt. In seiner Jugend war er, dessen Kränklichkeit ihn vor dem Waffendienst im ersten Weltkrieg bewahrte, nach einem einzigen, ungedruckt gebliebenen lyrischen Sündenfall leidenschaftlicher Pazifist und unerbittlicher Kritiker von Kriegshysterie und Haßpropaganda.

In der Nachkriegsliteratur spielte er eine nicht unwichtige Rolle als Redakteur der bedeutendsten Zeitschrift des österreichischen Expressionismus, des „Anbruch". Beruflich war er zuerst Bankbeamter. Nach seiner frühzeitigen Pensionierung lebte er als Sammler, als Bibliophiler, als Kunst- und Handschriftenexperte, dessen Kenntnisse von offiziellen Stellen wiederholt in Anspruch genommen worden sind. Er hat verschiedene Frühdrucke und Handschriften entdeckt, und er hat ein Kubin-Archiv aufgebaut.

Seine schön gedruckten Gedichtbände tauchen gelegentlich noch im Antiquariat auf. Größeren Erfolg hatte er als Übersetzer. Er hat eine deutsche Fassung der Zuchthausballade von Oscar Wilde geschaffen und den vielgelesenen Roman „Almaide" von Francis Jammes übersetzt. Seine Nachdichtung von Swinburnes „Atlanta in Calydon" ist erst nach seinem Tod erschienen. Man sieht, er hat die Dichter des Symbolismus bevorzugt, auch in den einzelnen Lyrikübersetzungen. Da steht d'Annunzio neben Louze Labé, dem Tschechen J. S. Machar, neben Verlaine und Wilde.

Ich bin noch im Krieg durch seine Nachdichtung des 71. Sonnettes von Shakespeare auf ihn gestoßen. Das war in dem einzigen Heft der bedeutenden Wiener Zeitschrift „Freyung", die Leopold Liegler und Fritz Brügel, ein Freund und Förderer Felix Grafes, herausgegeben haben. Liegler hat darin mehrere Übersetzungen eines Shakespeare-Sonnettes, darunter auch eine von dem vergessenen Achtundvierziger Andreas Schumacher, zusammengestellt. Ich halte Grafes Nachdichtung für eine der kongenialsten sprachlichen Neuformungen eines Shakespeare-Sonnettes. Sein starkes Formgefühl, sein Qualitätsbewußtsein, seine große literarische Bildung haben ihn als Nachdichter prädestiniert:

Nicht länger, wenn ich tot bin, sollst du klagen,
nicht länger als der dunklen Glocke Klang
dir zuruft dumpf, daß ich zu Grabe sank,
wo bittre Würmer bittre Welt benagen.

Wenn du dies liesest, sollst du dich nicht sehnen
nach dem, der's schrieb – Du bist mir lieb, bist mein, –
eh ich dich trauern weiß um mich mit Tränen,
will ich, viel lieber, ganz vergessen sein.

Oh hörst du mich? Wenn ich dereinst zu Staub
zerfallen bin und dies Gedicht dich rührt
bleib mein gedenkend aller Rührung taub
vergiß den Namen, den mein Leib geführt.

Denn jeder Schmerz, den diese Welt errät,
ist ihr ein Schauspiel, das sie höhnend schmäht.

Diesem Schauspiel ist er aus dem Weg gegangen, bis es ihn eingeholt hat. Er war kein Widerstandskämpfer, aber seiner ganzen Statur nach ein Mann des inneren Widerstandes. Der Schwerkranke hat Verhaftung, Verhöre, Verurteilung nach Zeugnissen mit erstaunlicher Gelassenheit ertragen. „Wenn man so alt und krank ist, stirbt man leicht und gerne", schrieb er in einem seiner beiden Abschiedsbriefe. „Ich bin ganz taub geworden, meine Zuckerkrankheit hat mächtig weitergefressen, ich wiege . . . nur mehr 48 kg und bin ein zahnloses, weißhaariges Gerippe geworden."

Der zweite Abschiedsbrief, den er aus der Todeszelle an seine erste Frau und deren beiden Söhne richtete, endet mit einem Vers:

Ob Schierling oder Enthauptung,
Es bleibt die gleiche Handlung.
Doch was sie Strafe glauben,
Ist heilige Verwandlung.

Die Nachrufe auf Grafe betrafen nur das Naziopfer. Sie zeigten, wie Fritz Brügel beklagte, „wie gut es ihm gelungen ist, sich vor der journalistischen Öffentlichkeit zu verbergen, denn in keinem einzigen der Nachrufe war auch nur ein Wort enthalten, das diesem Dichter Gerechtigkeit getan hätte".

Grafes Werk, Gedichte und Übersetzungen, hat Joseph Strelka 1961 in einer historisch-kritischen Ausgabe gesammelt. Der Vierhundertseitenband enthält auch ein biographisches und interpretatorisches Vorwort. Diese Ausgabe hat ihre Aufgabe erfüllt, das Werk zu bewahren, aber sie hat doch nicht das Publikum gefunden, das man ihr gewünscht hätte. Ein schmaler Auswahlband, einschließlich der schönsten Nachdichtungen, wäre fällig. Es müßte sich darin auch das Gedicht *„Ruit Hora"* finden, das zeigt, wie vornehm zurückhaltend dieser Lyriker in Nostalgie geschwelgt hat.

Wenn ihr späte Rosen findet,
Bindet, Kinder sie zum Strauß.
Goldner Sommer schwillt und schwindet,
Äpfel duften schon durchs Haus.

Rot von Trauben, schwer von Nüssen,
Herrlich ist der Herbst erhellt
Hold mit Blumen, hold mit Küssen
allen Liebenden der Welt.

Ach, die Jugend ist vergangen,
Rauschend wie der Tag verrann,
Euren Scheitel, eure Wangen
Rührt September zärtlich an.

Emil Alphons Rheinhardt

Geboren 1889 in Wien
Gestorben 1945 im KZ Dachau

Emil Alphons Rheinhardt ist nicht der einzige seiner Generation, der zwei literarische Karrieren gemacht hat. Eigentlich könnte man denken, daß hier zwei Autoren gleichen Namens am Werk waren, der Expressionist Emil Alphons Rheinhardt und der elegante Biograph Emil Alphons Rheinhardt.

Der Expressionist scheint bereits über dem Biographen vergessen worden zu sein, bevor dieser auch in Vergessenheit geraten ist. Der Biograph war jedenfalls kommerziell erfolgreicher. 1928 erschien sein „Leben der Eleonora Duse". Großen Erfolg, auch in Frankreich, wo er damals bereits lebte, hatte er mit seinen Biographien aus der französischen Geschichte, „Napoleon und Eugenie", „Josephine Beauharnais", „Der große Herbst. Heinrich IV.". Er hat dafür auch französische Auszeichnungen erhalten. Bis zu seiner Verschleppung ins KZ hat er in Frankreich gelebt.

Einreihen könnte man seine Biographien zwischen Stefan Zweig und Richard Friedenthal. Gepflegte Feuilletonistik, psychologische Einfühlung. Geschichte als Spiegel des Menschenschicksales.

Der expressionistische Lyriker bietet dazu einen krassen Gegensatz. Vielleicht untersucht jemand einmal das stilistische Phänomen des Zusammenbruches der revolutionären Jugendgeste vieler Expressionisten. Der Weg vom Ekstatiker zum wohltemporierten Historiker war offenbar kürzer und einfacher, als man annehmen sollte.

Der Expressionist E. A. Rheinhardt, so hat er sich geschrieben, als er noch Gedichte schrieb, ist so vergessen, daß er in Brinkmanns Forschungsbericht über den Expressionismus gar nicht mehr vorkommt. Obwohl es doch in Österreich nicht so viele Expressionisten gegeben hat und er als Herausgeber der „Botschaft“, einer der großen Lyrikanthologien des Expressionismus, im Vordergrund gestanden ist. In der Marbacher Expressionismusausstellung gab es immerhin noch eine Gedichthandschrift und einen Gedichtband von ihm und im Katalog eine stichwortartige Kurzbiographie mit einigen Literaturangaben.

Er ist 1889 in Wien geboren und soll hier Medizin studiert haben. Er hat sich aber bald in den Literaturbetrieb gestürzt. 1912 erschien sein erster Gedichtband, 1917 der programmatische Band mit dem programmatischen Titel „Das Abenteuer im Geiste“, typisch für den österreichischen Expressionismus, der weniger den sozialen Umsturz als das geistige Abenteuer gesucht und geglaubt hat, durch den Geist den neuen Menschen beschwören zu können. Daneben gab es Gedichtbände, unter denen „Die unendliche Reihe“ am verbreitetsten war. 1920 ist auch seine symbolische Märchendichtung „Der schöne Garten“ und die große Anthologie neuer Gedichte aus Österreich erschienen, deren Vorwort ein ästhetisches Bekenntnis Rheinhardts und des österreichischen Expressionismus ist. Er wollte der Zeit einen Mythos schaffen und „das Schicksalhafte einer Epoche aus der Vergänglichkeit dahin heben, wo das Irdischgewachsene aus seinem Äon dem reinen Reiche der Ideen zuwächst“. Wenn man das übersetzt, heißt das Bewahrung des

Vergänglichen durch Vergeistigung. Garniert mit großen Worten und Revolutionsheroik. Die großen Taten sind bekanntlich ausgeblieben. Er schwärmt vom Kollektivismus und klammert sich an den Individualismus.

Aber als Herausgeber hat er wirklich versammelt, was in der expressionistischen Lyrik Österreichs eine Rolle spielte, und sie alle, einschließlich seiner selbst, mit den besten Gedichten vorgestellt. Oskar Maurus Fontana hat, als er zur Zeit der Expressionismusmode nach seinen Erinnerungen an die österreichischen Expressionisten befragt wurde, festgestellt, daß Rheinhardts Sammelband dokumentarische Gültigkeit zukommt. Es gibt da auch eine interessante Charakterisierung Rheinhardts: „Rheinhardt selbst war eine sehr merkwürdige Persönlichkeit von einer flackernden Inbrunst und einer vielfältigen Formkraft. Er war auch ein großes Sprachtalent, immer wieder angezogen von der Ferne. Er lebte viel in Italien und Frankreich. Von dort holte ihn, der sich auch nach 1938 fanatisch zu Österreich bekannte, das Dritte Reich und steckte ihn in das KZ von Dachau. Dort ging er knapp vor der Befreiung durch die Amerikaner an Flecktyphus zugrunde."

Literarisch überlebt hat E. A. Rheinhardt als Herausgeber der „Botschaft", dem österreichischen Gegenstück zur „Menschheitsdämmerung". Sie ist wie die anderen großen Expressionismusanthologien 1920 erschienen, als die Bewegung schon am Ende war. Hier ist eingesammelt, hier ist die revolutionäre Geste konserviert worden. Aber in diesen Anthologien ist der Expressionismus dem breiteren Publikum erst zum Bewußtsein gebracht worden. Als es den Expressionismus nicht mehr gab, wurde er modern.

Rheinhardt hat in der „Botschaft" die Jungen vereint, aber neben den Revolutionären gegen Gesellschaft, Gesetz und Form auch jene, die weiterhin in Molltönen die Vergangenheit beklagten und das Schöne rühmten. Der österreichische Expressionismus war tolerant. Ein Felix Braun, ein Max Mell, ein Stefan Zweig wären in der „Menschheitsdämmerung" nicht möglich gewesen. In der „Botschaft" haben sie ihren Platz gefunden. „Die Botschaft" ist ein Markstein unserer Literatur als die umfassendste Bestandaufnahme der Lyrik zwischen Monarchie und Republik. Aber erst recht als ein Beispiel für das hier noch mögliche Nebeneinander von Tradition, liberalem Internationalismus und revolutionärer Aufbruchstimmung.

Mittelpunkt und nach der Meinung des Herausgebers Höhepunkt des Bandes waren die 25 Gedichte von Franz Werfel, dem übrigens auch Kurt Pinthus in der „Menschheitsdämmerung“ den meisten Raum gegeben hatte. „Selbstverständliche Konsequenz ist es für den, der dieses Buch auswählte, gewesen, dem Dichter, der am leidenschaftlichsten bekennt, Franz Werfel, den breitesten Raum einzuräumen. Er erscheint mir als der Dichter dieser Zeit“, begründet Rheinhardt seine Wahl, wobei ich viel pathetisches Bekenntnis unterschlage. Nicht der Revolutionär, der „Menschenfreund“ war der Mann der Stunde in Wien, Werfel, der literarische Musikant, dessen Weg vom Expressionismus zum Roman, auch zum Trivialroman, ebenso kurz war wie der Rheinhardts zur gepflegten Biographie.

Georg Trakl, der Lyriker, von dem wir heute wissen, daß er am tiefsten die Zeit ausgedrückt hat, steht immerhin an zweiter Stelle. Werfel und Trakl – zwei Pole nicht nur des österreichischen Expressionismus.

Der österreichische Expressionismus ist erst wiederzuentdecken, für die Leser und für die Wissenschaft, und zwar, wie Rheinhardt und seine Anthologie zeigt, weniger in der revolutionären Pose, nicht einmal so sehr in der Weltumarmung als in der Verletzlichkeit. Die Braun, Mell, Zweig passen gar nicht so schlecht zu den Däubler, Rheinhardt, Janstein, Werfel und Trakl.

Hans Leifhelm

Geboren 1891 in München-Gladbach
Gestorben 1947 in Riva

Hans Leifhelm hat zwei Gedichte geschrieben, die so makellos gelungen sind, daß sie wahrscheinlich gar nicht vergessen werden können. Sie werden immer wieder in Lesebüchern, in Anthologien auftauchen. Aber da sie alles andere als Volkslieder sind, sollte man auch an ihren Dichter erinnern. Denn die letzte Ausgabe seiner Werke, zwei schmale Bände, einer mit den drei Gedichtbänden „Hahnenschrei", „Gesänge von der Erde" und „Lob der Vergänglichkeit" und einer mit seiner Prosa und den Übersetzungen aus dem Italienischen, liegt schon ein Vierteljahrhundert zurück.

„Mit dem Sichelmond, mit den Abendstern", das vorletzte Gedicht der von seiner österreichischen Wahlheimat inspirierten „Gesänge von der Erde", ist ein Gedicht, das den Leser, vor allem aber den Hörer sprachlos macht mit seiner umgarnenden Melodik. Weinheber jedenfalls hat es, wie er gestanden hat, die Rede verschlagen, und das ist nicht so leicht einem anderen Lyriker bei ihm gelungen. „Die ergreifende Schönheit einer so schlackenlosen Gestaltung läßt eine Untersuchung gar nicht zu", hat er gemeint. Es ist aber auch ein außerordentlich kunstvolles Gedicht in der komplizierten Anordnung der langen und der kurzen Zeilen, in den geradezu leitmotivisch wirkenden Wörtern und Wortgruppen, in den kunstvollen Metaphern, den nachtwandlerisch sicher beherrschten Rhythmusbrüchen. Ein Gedicht, um die Wunder der Lyrik zu lehren. Aber das alles ist Anschauung geworden. Vielleicht gerade deshalb ist hier das Unerlernbare wie kaum anderswo greifbar, wenn schon nicht begreifbar:

Auch im fernen Land,
Wo ich dir so fern,
Wo ich lange schon verschollen war,
Strahlt dein Angesicht
Mit dem Abendstern,
Weht am nächtigen Himmel hin dein Haar,
Tanzt dein schlanker Fuß
Mit dem Sichelmond,
Winkt mir lieblich deine weiße Hand,
Grüßt dein Lächeln mich,
Das im Lichte wohnt,
Süßer Trost im bittern Menschenland.

Durch die Fluren geht,
Kühl der Abendwind,
Silbersaiten klingen deinen Tanz,
Dunkle Brandung ruht,
Und das Leid verrinnt,
Silberwolken spiegeln deinen Glanz.
Eine Stimme süß
Ist im Tal erwacht,
Horch ein Nachtigallenflöten fern,
In Vergessenheit
Hüllt mich ein die Nacht
Mit dem Sichelmond und Abendstern.

Über fremder Welt
Winkt dein holder Gruß,
Winkt dein Lächeln, deine weiße Hand,
Mit den Sichelmond
Schreitet schlank dein Fuß,
Kühler Tau rinnt nieder auf das Land.
Fern am Himmel hin,
Weht dein nächtiges Haar,
Wendet nieder sich dein Angesicht,
Mit dem Abendstern
Strahlt dein Haupt so klar,
Meines dunklen Lebens schönes Licht.

Pure Magie ist meiner Meinung nach auch das Gedicht „Im Regen". Ich habe das vor 45 Jahren zum erstenmal in einer Anthologie gelesen und es ist mir unvergeßlich geblieben:

Unterm Holzdach hocken,
Wenn die Wasser rauschen, wenn die Regenfrauen
Murmelnd wandeln durch die naßen Auen,
Triefend wehen ihre Wasserlocken –
Unterm Holzdach ist es gut zu warten,
Einmal wieder wohl
Pfeift der Goldpirol,
Und die Rosen leuchten heiß im Garten.

Hör die Tropfen fallen, hör die Tropfen hallen,
Rings im Kreise singt das Regenlied,
Abwärts geht die Wasserflut mit Schallen,
Die die Erde saugend niederzieht,
Hier im Regenwebstuhl sitzen wir gefangen,
Nässe steht in Fäden steil und schwer,
Nässe flackert wie der Einschuß quer,
Den die Regenweberschifflein schwangen,
Aber müder wehen schon die Strähnen,
Aber ferner wird schon der Gesang,
Wie ein letztes Echo nur zu wähnen
Von des talwärts ziehnden Wassers Gang.

Warten noch und lauschen,
Letzte Tropfen fallen, leise durch die Ruhe
Geht schon wieder Takt der Wanderschuhe,
Und die regenschweren Wipfel rauschen,
Unterm Holzdach warten wir noch gerne,
Dampfend liegt das Tal –
Da, mit einemmal
Leuchtet hoch am Passe blau die Ferne.

Ich höre es seither rauschen, die Vögel pfeifen und sehe die Ferne leuchten.

Leifhelm war ein Wahlösterreicher westfälischer Abstammung. Der Vater war Faßmacher. Er hat in verschiedenen Städten studiert, war in Straßburg mit Ernst Stadler und besonders eng mit dem Arbeiterdichter Heinrich Lersch befreundet. Er hat dann eine Österreicherin geheiratet und ist 1923 nach Graz gezogen, wo er als Berufsberater am Arbeitsamt tätig war. Er hat da in der verfallenden Rosenvilla gewohnt, Wilhelm Thöny, Paul Ernst gehörten zum Freundeskreis. 1926 wurde er mit dem Gedichtband „Hahnenschrei" bekannt. 1933 folgten die „Gesänge von der Erde". Nach einer Entfremdung von seiner Frau, einer engagierten Sozialistin, während er ein unpolitischer Mensch war, ist er nach Deutschland zurückgegangen. Aber so unpolitisch war er nicht, daß er nicht vor den Nationalsozialisten nach Österreich ausgewichen wäre und die braune Anfälligkeit von Lersch ihn nicht gekränkt hätte. Er ist noch vor Hitlers Einmarsch als Lektor an italienische Universitäten gegangen, zum Schluß war er Felix Brauns Nachfolger in Padua. Und da hat ihn seine schreckliche Krankheit überfallen: Enzephalitis. Italienische Schriftsteller haben ihm dann ein Krankenzimmer in Riva verschafft, als er schon teilweise gelähmt war. Hier ist er nach fünfjährigem Siechtum, verlassen und verarmt, gestorben, und wurde nur gelegentlich von Paula Sack, der Witwe des Dichters Gustav Sack, die da wohnte, besucht. Der Tod erlöste ihn 1947.

Hildegard Jone

Geboren 1891 in Sarajewo
Gestorben 1963 in Purkersdorf

Hildegard Jone ist heute nur noch im Zusammenhang mit Anton von Webern bekannt. Zwischen Hildegard Jone und Webern bestand eine tiefe künstlerische und menschliche Beziehung. Hans Moldenhauer nennt sie in seiner großen Webern-Biographie sogar die Muse seiner letzten Jahre. Ihre Gedichte haben ihn zu seiner Vokalmusik inspiriert.

Es gibt auch ein Dokument ihrer Freundschaft. Die Universal-Edition hat vor einigen Jahren Weberns Briefe an Hildegard Jone und ihren Mann, den Bildhauer Josef Humplik herausgebracht.

Hildegard Jone ist 1891 in Sarajewo als Tochter des österreichischen Architekten Huber geboren. Unter den mütterlichen Vorfahren war die Gräfin Deym, die durch ihre Bekanntschaft mit Beethoven bekannt ist. Die junge Hildegard Huber hat Bildhauerei studiert. Josef Humplik war ihr Lehrer. 1921 hat sie ihn geheiratet.

Der Name Jone ist ein Pseudonym. Er bedeutet „Jonierin". Sie hat damit ihre Verbundenheit mit der attischen Kultur ausgedrückt.

Sie war Bildhauerin, Malerin und Lyrikerin. Aber sie hat wenig ausgestellt und noch weniger publiziert. 1938 erschien ein kleines Heft, „Selige Augen", und 1948 ein Band „Anima. Gedichte des Gottesjahres". Am bekanntesten sind ihre Lyrikpublikationen in den Folgen elf bis dreizehn der Innsbrucker Zeitschrift „Der Brenner". 1927 erschien hier eine Auswahl ihrer Gedichte unter dem Titel „Der Mensch im Dunkeln", 1928 der Zyklus „Die Verantwortung der Liebe" und 1932 die Gedichte zum Gedenken an den verstorbenen Ferdinand Ebner „Viae inviae", von denen Webern als erstes „Herr Jesus mein" komponiert hat.

Sie war eine Mystikerin. Das ging so weit, daß sie, als Alban Berg starb, in ihrer Kondolation der Witwe schrieb: „Glauben Sie nicht an den Tod ihres Mannes. Er wird Ihnen wieder nahe kommen. Er wird ganz bei Ihnen sein." Bekanntlich war Helene Berg überzeugt, daß sie in spirituellem Kontakt mit ihrem toten Mann gestanden ist. Und so einen spirituellen Akt drückt auch Hildegard Jones Webern-Porträt aus: Webern in der Haustüre stehend, wenige Augenblicke vor seinem gewaltsamen Tod.

Sie war aber eine Mystikerin, bei der ein fast volkstümlicher Ton überrascht. Ihr Kunstbekenntnis war Einfachheit, Klarheit. Unter Kunst, hat sie einmal geschrieben, verstehe ich die Fähigkeit, einen Gedanken in die einfachste, klarste, das heißt faßlichste Form zu bringen. Klare, auch durch ihre Reime einprägsame Formulierungen stehen neben ihren mystischen Versenkungen.

In ihrer Jugend hat es neben Religiösem auch soziale Töne gegeben. Ein Gedicht auf Matteotti steht im „Brenner" neben einem Gedicht auf einen Kanalarbeiter. Von Matteotti heißt es: „Nur reinste Seele formte dieses reine Angesicht."

Ihre Stärke sind die kurzen, die lapidaren Zeilen. Sie sind schlicht und zugleich höchste geistige Konzentration. Wenn man eine Auswahl ihrer Dichtungen herausgäbe, müßte man ihre lyrischen Geistesblitze zusammenstellen. Etwa eine Zeile wie „Mein lieber Hund, Du Heiliger ohne Himmel". Plastische Formulierungen lassen daran denken, daß sie Bildhauerin war. Andere Zeilen, die haften bleiben: „Ich gehe demütig in Wundern ein." „O Herz, du blühst in meiner Wiese auf."

Interessant ist ihr Vierzeiler auf Karl Kraus:

Er löscht uns aus?
Ist's zu ertragen, daß wir nicht aus Gottes Samen?
Er nennt den Bösen immer nur bei unsern Namen
und treibt ihn aus dem Leben aus.

Aus dem Naiven, auch aus dem Satirischen stößt sie ins Mythische und Mystische. Ein Beispiel dafür ist „Der Meuchellacher":

Wenn wir den Rücken wenden, wirst du erst ein Wacher,
du fürchterlicher Meuchellacher.
Du wirst dein rasches Urteil zücken,
fällst in den unbeschützten Rücken
und tötest unsern armen Rang.
Schon hast du unsres Wortes Klang,
nun wirst du groß im Überschwang.
Doch unser Tod hat dir das Leben
und Fülle hat er dir gegeben.

Ihre Gedichte haben Magie:

Mein Herz ist voll Gedicht
ich gehe durch einen Engel auf der Wiese
und mich durchatmet seines Tröstens Brise.

Oder ein anderes Beispiel:

Es regnet mir aus Sternen in die Seele,
der schwere Weg steht himmlisch mir voll Zeichen
was ich erreichte, werd ich schwer erreichen,
wenn ich auch fehlend immer Gott erwähle.

Wenn man da an unsere Lyrikerinnen denkt, die sich mit ihren Metaphern wie mit Schmuckketten behängen, erscheint Hildegard Jone wie eine mittelalterliche Nonne. Schmucklos.

Sie sagt es oft so einfach, daß es durch diese äußerste Konzentration schwierig wird. Das war es wohl auch, was den großen Verkürzer Webern an ihrer Dichtung fasziniert hat.

Anfang 1933 begann Webern mit der ersten seiner Vertonungen von Hildegard Jones Gedichten. Unter dem Datum von 1. Februar erscheinen auf Seite 52 von Skizzenbuch III die Anfangstakte eines Liedes mit Klavierbegleitung. Der Text beginnt mit den Worten „Herr Jesus mein“, wie Hans Moldenhauer in der Webern-Biographie berichtet. Die Komposition, die schließlich die letzte der Drei Gesänge op. 23 werden sollte, leitete Weberns Wiederaufnahme seiner schöpferischen Arbeit nach vielen Monaten ein. „Ganz spontan“, schrieb er Hildegard Jone, „habe ich eines Tages die Komposition Ihres schönen, wundervollen Gedichtes angefangen.“ Einige Monate später schreibt er ihr: „Der eine Ihrer mich immer mehr erfüllenden Texte ist schon fertig . . . Und nun verbinde ich ‚Es stürzt aus Höhen Frische‘ – wie wundervoll diese Wort-Substanz – bis ‚überglüht noch lange Glut‘ zu einem zweiten Gesang. Doch wird die Reihenfolge der beiden Gesänge der Ihrer Gedichte entsprechen. Wie tief berühren sie mich, und ich bin froh, endlich in diese Lage (einer Komposition Ihrer Worte) gekommen zu sein. Lange hatte ich es mir schon gewünscht.“

Der Text lautet:

Es stürzt aus Höhen Frische, die uns leben macht:
Das Herzblut ist die Feuchte uns geliehen,
Die Träne ist die Kühle uns gegeben:
sie fließt zum Strom der Gnade wunderbar zurück.

Ach, ich darf sein, wo auch die Sonne ist!
Sie liebt mich ohne Grund,
ich lieb’ sie ohne Ende.
Wenn wir einander Abend, Abschied scheinen,
den Himmel und die Seele überglüht noch lange Glut.

Zu ihren Bewunderern gehörte auch Martin Buber. Ihr Platz ist neben der Lasker-Schüler, der Langgässer, der Kolmar.

Franz Janowitz

Geboren 1892 in Podebrad
Gefallen 1917 in Südtirol

Das Gedenken von Karl Kraus an Franz Janowitz geht nicht ohne Polemik gegen die Welt ab. Die zwei letzten Zeilen des Sonettes lauten:

> Und da dein reines Herz erstickt in Kot,
> das Mitgefühl der Zeit mußt du entbehren.
> Ein treuer Bursch nur stand bei deinem Tod.
>
> Doch seine Thränen wird die Welt vermehren,
> färbt einst nicht Blut mehr, färbt die Scham sie rot.
> Bis dahin mag sie ihre Henker ehren.

Der Platz von Franz Janowitz in der österreichischen Literaturgeschichte ist zwischen „Fackel“, „Brenner“ und „Arkadia“, den drei wichtigsten literarischen Publikationen im ersten Viertel des 20. Jahrhunderts. Für eine Ausgabe wäre eine Auswahl seiner Gedichte und Aphorismen denkbar. Vielleicht rafft sich ein Verlag einmal zu einer Anthologie der in beiden Kriegen ausgelöschten Talente auf. Da könnte Janowitz neben Trakl stehen.

Dem Namen Franz Janowitz begegnet man bei Karl Kraus, in der Autobiographie von Max Brod und im „Brenner“-Kreis. So vergessen er heute ist, so umstritten war sein Erbe: Wer ihn entdeckt hat, wer seinen Nachlaß verwalten durfte. Max Brod hatte Janowitz 1913 in seinem Jahrbuch „Arkadia“, das durch den Erstdruck von Kafkas „Urteil“ berühmt geworden ist, ganz groß als Lyriker herausgestellt. Die Brüder Janowitz – Otto Janowitz war ein musikalischer Begleiter von Karl Kraus – waren große Kraus-Verehrer. Karl Kraus hat den Lyriker Franz Janowitz außerordentlich geschätzt. Janowitz ist wiederholt in der „Fackel“ zu Wort gekommen. Als Kraus die Nachricht von seinem Tod erreichte, hat er Sidonie von Nadherny geschrieben: „Franz Janowitz, ein Lichtpunkt meines Lebens, ist erloschen.“ Janowitz hieß auch das Schloß von Sidonie, wo Kraus glückliche Zeiten verlebt hat. Der Name Janowitz hat ihm viel bedeutet.

Bei Karl Kraus waren Zustimmung und Ablehnung absolut. Die Frage liegt nahe, ob er Franz Janowitz nicht überschätzt hat. Gerald Stieg meint, Karl Kraus habe Janowitz zur reinen Dichterfigur im bewußten Gegensatz zu Franz Werfel stilisiert. Er hat ein Gedicht „Meinem Franz Janowitz“ geschrieben und ihm „Weltgericht“ gewidmet. Und er hat den Druck seiner ausgewählten Gedichte als Drugulin-Druck bei Kurt Wolff unter dem Titel „Auf der Erde“ vermittelt und wahrscheinlich auch die Janowitz-Biographie entworfen:

„Franz Janowitz wurde am 28. Juli 1892 in Podebrad, einer kleinen böhmischen Stadt an der Elbe, geboren. Hier lebte er bis zu seinem zehnten Jahre, dann acht Jahre als Gymnasiast in Prag, je eines als Universitätsstudent in Leipzig und Wien. Anfänglich studierte er Chemie, später ausschließlich theoretische Philosophie; seine Doktorarbeit sollte der Philosophie Otto Weiningers gewidmet sein. . . . Im Jahre 1913 rückte er als Einjährig-Freiwilliger zum II. Tiroler Landesschützen-Regiment ein. Mit diesem zog er im Sommer 1914 in den Krieg. Am

24. Oktober 1917 erlitt er bei einem Sturmangriff auf den Monte Rombon durch zwei Maschinengewehrgeschoße eine schwere Brustwunde, der er am 4. November 1917 im Feldspitale 1301 erlag. Auf dem Militärfriedhof in Mittel-Breth (einem Dorfe des ehemaligen Küstenlandes), ist er bestattet."

Gedichte und Prosa von Janowitz sind dann in mehreren Jahrgängen des „Brenner" gemeinsam mit einem Aufruf zur Subskription des Nachlasses, der auch in der „Fackel" veröffentlicht wurde, erschienen, Karl Röck sollte ihn nach dem Beispiel der Trakl-Ausgabe edieren. Aber es kam nicht zustande.

Es ist klar, daß die Verbindung von Janowitz zum „Brenner" ebenfalls Karl Kraus heißt. Stieg vermutet, daß Ficker Janowitz bewußt als gläubigen Gegenpol zu der Untergangsaphoristik von Karl Kraus gedruckt hat. Janowitz wurde von den „Brenner"-Leuten als religiöser Überwinder Weiningers empfunden.

Janowitz war so etwas wie ein Vorwand geworden, mit dem Brod seine Gegnerschaft zu Karl Kraus ausleben und Ficker seine Kraus-Freundschaft berichtigen konnte. Einen Brief, der zwischen Brod und Karl Kraus vermitteln sollte, hat übrigens Franz Kafka entworfen. Kraus hat ihn aber nicht angenommen. In der Autobiographie nützt Brod das Kapitel Janowitz, um wieder auf Karl Kraus loszuschlagen.

Den Lyriker Franz Janowitz hat nicht nur Karl Kraus geschätzt. Max Brod war überzeugt, daß sich Janowitz, wäre er nicht gefallen, zu einem der größten Dichter unserer Zeit entwickelt hätte. Nicht nur er und Karl Kraus, auch Ludwig von Ficker hat ihn neben Georg Trakl gestellt.

Für den Leser von heute ist die Lyrik von Franz Janowitz fast nicht von der des Karl Kraus zu unterscheiden. Das geht bis in die Wortwahl:

Wie ruft des Landes hingestreckte Ruhe
mich in der tiefsten Seele an!
Verwurzelt scheinen meine schweren Schuhe
in dem ergrünten Wiesenplan.

Es ist nicht nur Nachahmung, es ist auch Seelen-, Formenverwandtschaft, ethische und ästhetische Übereinstimmung. Brod schildert Janowitz übrigens als die gesunde, rustikale, in sich ruhende stille Natur unter den Intellektuellen des Prager Kreises.

Übereinstimmung mit Karl Kraus herrschte bei Janowitz auch in der Verurteilung des Militarismus, vor allem in der in der „Fackel“ und im „Brenner“ abgedruckten Aphorismussammlung „Das Reglement des Teufels“. Da ist vieles an Kraus geschult. „Losgelassene Friedensangst gibt den haltbarsten Kriegsmut“, heißt es da, oder „Die Heldensöhne Europas haben vor den Skalps der Wilden die Tapferkeitsmedaillen voraus“. Ficker dürfte der Aphorismus gefallen haben: „Der Mensch ist der Soldat Gottes“.

Rang und Grenzen der Lyrik von Janowitz zeigt das Gedicht „Der rastende Wanderer“:

> Es landen Vögel leicht in Lindenkronen:
> Ich biete ihrem Flug mein Haupt
> und lasse sie – für sie bin ich belaubt –
> zufrieden mir im Astwerk wohnen.
> Ein Herz scheint uns Getrennte zu beleben.
> O liebe Flur, wann kommt doch unser Glück,
> da hochzeitlich wir ineinander schweben,
> und Gott in uns und wir in ihn zurück?

Jakob Haringer

Geboren 1893 in einem Eisenbahnzug vor Dresden
Gestorben 1948 in Zürich

Jürgen Serke berichtet, daß Jakob Haringer 1893 knapp vor Dresden in einem Eisenbahncoupé zur Welt gekommen sei. Nach einer anderen Version wurde er zehn Jahre früher in Salzburg geboren. Diese Unsicherheit ist typisch für den Vaganten Haringer.

Wir können ihn ruhig als Österreicher okkupieren. Sein Vater war ein Oberösterreicher, in Salzburg ist er in der vierten Klasse Mittelschule gescheitert. Salzburger Dialekt hat er zeitlebens gesprochen. Später hat er Jahre in Wien gelebt.

Serke, der 1979 eine Auswahl aus seinen Gedichten unter dem Titel „Das Schnarchen Gottes" herausgegeben hat, nannte ihn den letzten großen Vaganten der deutschen Literatur. Er war ein anarchischer Geist, der sich in der Jugend für den Sozialismus engagiert hat. Als die Münchner Räterepublik ausgerufen wurde, hat er dabei eine wohl eher bescheidene Rolle gespielt. Nichts lag ihm ferner als Ideologie. Ernst Toller soll ihm das Schulressort angetragen haben, offenbar, damit er es reformiert. Er ist jedenfalls dafür eingesperrt worden. Genaueres weiß man nicht, wie so oft in seinem Leben.

Er war aber zeitlebens auch ein Mystiker, der seine Frömmigkeit hinter Blasphemien verborgen hat, wie sein „Gebet um Sünde" beweist:

O Gott! aus diesen lauen grauen Tagen
Glüh mich zur Sünde hin, weil mich so friert –
Eh daß mein Herz vereist in frommen Sagen,
Mach mich ein bißchen teuflisch und vertiert,
Ihr toten Tage, ausgehöhlt, entgöttert,
Wie ungewürzte Speise leer und schal,
Sauer wie Schweiß und blöd vertane Arbeit –
Ihr Toten – ach erstickt mich tausendmal;
Wie Wein, in den es tausendmal geregnet.
Auf euch ruht nimmer Gottes Mutterhand . . .
Behängt mit meinen nie geweinten Tränen,
Mit meiner letzten Wünsche Kindertand.
Wo ist der Engel, der da gut und weise
Euch wachsen ließ wie Veilchen aus dem Schnee?
Dies stille Frommsein ist ja gut für Greise –
Die Sünder tun einander nimmer weh.
O in der Sünde festlichem Gewimmel –
Ach, bloß die Laster machen gut und rein.
Ich bin so ungeeignet für den Himmel!

„Er holte für sich Jesus und Maria vom Himmel herunter" schrieb Serke, „und ging mit ihnen um wie mit seinen Zechkumpanen, redete mit ihnen irdisch, suchte ihre Liebe, sah sich enttäuscht, beschimpfte sie, und das Schimpfen war doch nur Reaktion auf die Tatsache, daß das von ihm ersehnte kindliche Paradies sich nicht einstellen mochte."

Sein verstiegener Expressionismus ist rasch einem volksliedartigen Ton gewichen. Seine echt empfundene Naivität hat Max Herrmann-Neisse am schönsten charakterisiert: „Alles ist erlebt, aus Glück und Not eines freien Lebens unmittelbar zum Gedicht erblüht, noch hängt der Tau des ersten Schöpfungsmorgens an manchem zarten Blatt. Einer tippelt durch sein fragwürdig verqueres Dasein und singt auf Bergstraße und Großstadtasphalt, wie's kommt, vor sich hin, von seinem Gram und Grauen, von allen kleinen Leiden und großen Enttäuschungen seines Weltabenteuers."

Von Beruf war er Lyriker und sonst nichts. Lebenslang ein bettelnder Lyriker. Er hat auch gute Zeiten erlebt, einige mit einer Frau, die ihm auch zwei Kinder geboren hat, die unter dem Namen einer der reichsten Industriellenfamilien Deutschlands aufgewachsen sind, weil die Frau später durch Heirat eine Bohlen-Halbach wurde. Solche Absurditäten gehören zu dem Leben und Dichten dieses vazierenden Clowns.

Die Hitler-Jahre hat er von 1933 bis 1938 in Österreich verlebt. Dann ist er über die Tschechoslowakei und Frankreich nach der Schweiz, wo sich Hermann Hesse und ein ungarischer Industrieller seiner annahmen, und wo er schließlich geduldet wurde. Hier ist er 1948 auf der Fahrt zu einer Jugendbekannten, die er heiraten wollte, in einem Hotelzimmer in Zürich gestorben. Das Erbe wollte niemand antreten. Also füllte man die Manuskripte und Zettel in drei Schachteln und stellte sie auf den Boden, wo sie fünfzehn Jahre später ein Dissertant und noch einmal fünfzehn Jahre später Serke auf seinen Recherchen für sein Buch über „Die verbrannten Dichter" gefunden haben.

Seine Gedichte sind in einem Dutzend Bänden erschienen. Einige auch im Selbstverlag, andere bei Zsolnay und Kiepenheuer. Einigen Ruhm hat ihm eingetragen, daß Arnold Schönberg mehrere Gedichte vertonte. Er hat den kurzen Ruhm nicht zu nutzen verstanden. Er zog weiter, genoß seine flüchtigen Liebesabenteuer und animierte sich mit Gedichten zu neuen Gefühlsausbrüchen, ein „Kind im grauen Haar", wie er 1926 einen Gedichtband überschrieben hat.

Bei Kiepenheuer hat Alfred Döblin, einer seiner Gönner, einen Band untergebracht, der hieß ebenso schlicht wie anspruchsvoll: „Die Dichtungen" von Haringer. Döblin liebte seine Gedichte, erkannte aber auch die Gefahren und Schwächen des Dichters: „Von Menschen seiner Art wird das Malheur angelockt. Er hat nichts, wird ignoriert, bekommt Stöße: das färbt ihn waschecht durch, aber – verändert ihn nicht. Er wird Veteran im Dulden der Misere; wird gar nicht weise davon. Die Tücke des Objekts bleibt, aber er bleibt auch. Sie sind oder werden kongenial."

Das war 1925. Er war Autor eines renommierten Verlages, erhielt den Gerhart-Hauptmann-Preis, dessen 5.000 Mark bald verjubelt waren, später noch den hoch angesehenen Kleist-Preis. Er zog weiter.

Nach 1945 sind noch, kaum beachtet, zwei neue Gedichtbände von ihm erschienen. Zwei Publikationen haben auf ihn aufmerksam gemacht, die erwähnte Gedichtauswahl von Serke mit einer gut recherchierten Biographie und 1965 ein von Theodor Sapper herausgegebener Band in der Stiasny-Bücherei unter dem Titel „Der Hirt im Mond". Sapper legt auf das expressionistische Erbe Haringers Wert, Serke betont den naiven Haringer, aber auch den deftigen, den Gläubigen, der Gott im Frauenkörper gesucht und gefunden hat.

Ein Original als Lyriker und Mensch. Ein Mann, der nur seiner Poesie gelebt und dafür auch die größte Bettelarmut auf sich genommen hat. „Ich lebe in bitterster Not, hungernd und meist obdachlos", schrieb er aus Wien. „Meine Bücher werfen so viel ab, daß ich die Zigarettenstummeln rauchen kann."

Lieber die Nächte mit Lumpen verlumpen,
als so wie ihr in Ehren verludert, verstunken –
. . .
lieber dies Leben verschwärmen unter Herbstessternen!
Kind! fällt die Sonne rötlich schimmernd dir durchs Haar,
denk ich nimmer, daß eigentlich alles ganz zwecklos war.
Immer bin ich verliebt und die schöne Musik spielt,
Und ich bin froh, weil ich nie was bezweckt und erzielt;
Weil ich nie was begehrt und erlistet und erstrebt –
Drum hab ich mehr als ihr Banditen gelebt.

Beim älter werdenden Haringer ist der süße Volksliedton wieder bitterer geworden. Da schwelgen nicht mehr „Zigeuner von braunen Himmeln" wie im Räuberlied, da wird wild und wüst gegen die satten Spießer polemisiert.

„Es war schwer, Jakob Haringer zu sein", dichtet er nun, „aber für euch arme Teufel in Berlin, München, Paris hab ich gelebt. Ach, es wär zu schön, wenn sich ein Gott um uns kümmern tät. Vielleicht ist die Erde barmherziger und der Schnee, der aufs Grab fällt."

Hermann Ungar

Geboren 1893 in Boskowitz in Mähren
Gestorben 1929 in Prag

Das letzte Werk Hermann Ungars heißt „Die Gartenlaube“, eine Komödie, die 1929 im Berliner Theater am Schiffbauerdamm mit einem Skandalerfolg uraufgeführt wurde. Er hat es nicht mehr erlebt, er ist knapp vorher einem Blinddarmdurchbruch erlegen. Ich beginne damit, weil es das Werk ist, das am leichtesten wiederzuentdecken wäre. Ein Wiener Theaterdirektor hat es auch vor einigen Jahren auf Empfehlung eines Regisseurs angekündigt. Es ist bisher nichts daraus geworden. Bei der Programmkonferenz erklärte der Theaterdirektor: „Den Autor werden Sie nicht kennen, er heißt Hermann Ungar.“

Es hat ihn tatsächlich niemand gekannt. Woher auch? Seine Werke erschienen zwischen 1920 und 1929. Er war weder Expressionist noch Emigrant, für das eine kam er zu spät, für das andere starb er zu früh. Um den politisch-gesellschaftlichen Stellenwert seines Werkes einzuordnen, müßte man sein Werk kennen, und das ist verschollen.

Zur „Gartenlaube“: Das ist eine Spießersatire, die nicht nur die Bürger des mährischen Nestes, sondern auch den verbürgerlichten Proletarier verspottet. Die symbolische „Gartenlaube“ steht wirklich auf der Bühne, als heimliches Liebesnest. Da gibt es wieder den Modlitzki, der schon im Roman „Die Klasse“ eine Schlüsselrolle hatte. Hier ist er „der Prolet mit Frostballen, durch grausame Wohltätigkeit scheußlicher Kleinkapitalisten als Adoptivsohn in den Familienschoß aufgenommen“, wie Kerr in seiner Kritik formuliert hat. Dieser Subalterne Modlitzki ist eine Schlüsselfigur von Ungars Werk. Der Untergebene, der Diener, der Proletarier, „der auf seine Weise souverän ist, da er nicht in die sozial höhere Schicht eindringen, sondern sie zerstören will,“ wie Irene Zivsa das formuliert hat, die einzige Literaturwissenschaftlerin, die (im Handbuch der deutschen Gegenwartsliteratur und in Kindlers Literaturlexikon) an Hermann Ungar erinnert hat.

Bereits Kerr war aufgefallen, daß das nicht die übliche Spießersatire war. „Über ihr, neben ihr, unter ihr hallt, von fern dringend, etwas wie ein harter Wehschrei. Ein mißachtendes Bedauern.“ Und Modlitzki, der noch in einem anderen Werk Ungars vorkommt, in der posthum veröffentlichten Erzählung „Colberts Reise“, ist Thomas Mann als eine „unheimlich bedeutende Figur“ aufgefallen.

Ein Wort zur Biographie: Ungar entstammt einer gebildeten jüdischen Familie, besuchte das deutsche Gymnasium in Brünn und studierte dann in Berlin, München und Prag, unterbrochen vom Kriegsdienst als Oberleutnant der Reserve. Er wurde in Galizien schwer verwundet. 1920 trat er in den diplomatischen Dienst der neuen tschechoslowakischen Republik. 1922 ist er, was ihm, einem deutsch schreibenden Literaten, nur recht sein konnte, als Legationssekretär an die CSR-Gesandtschaft in Berlin versetzt worden. Damals war er bereits zionistischer Sozialist. 1928 kehrte er nach Prag zurück. Er wollte sich nach dem Erfolg seiner beiden Romane „Die Verstümmelten“ und „Die Klasse“, die beide bei Rowohlt erschienen waren, sowie seines Trotzki-Stückes „Der rote General“ (1928) ganz der Literatur widmen.

Bei Jugendgefährten, die ihn aus Prag kannten, kann man lesen, daß niemand von seiner schriftstellerischen Arbeit wußte. Aber er hat früh zu schreiben begonnen und in einem Tagebuch bekannt, daß er stets von dem Bangen um seine literarische Sendung, von der Furcht, seine Begabung könne erlöschen, erfüllt war. „Ich habe", heißt es darin, „im Krieg die unmittelbare Gefahr des Todes vor mir gehabt, aber als ich betete, betete ich, daß Gott mich nur leben lassen solle, wenn ich zum Dichter ausersehen sei." Und im September 1928, ein Jahr vor seinem Tod, vertraute er vor dem Antritt eines sechsmonatigen Urlaubs seinem Tagebuch an: „Niemand soll in dieser Zeit etwas von mir hören. Entweder ich habe dann etwas Wirkliches geschaffen, oder ich mache Schluß mit allem. Vielleicht nicht mit dem Leben, aber mit der Kunst. Aber ohne sie ist kein Leben für mich."

Debutiert hat er 1920 bei E. P. Tal in Wien, dem Verlag der damaligen jungen österreichischen Literatur, mit „Knaben und Mörder", zwei Erzählungen, die bereits sein Thema anschlagen: Der durch soziale Umstände unfreie Mensch, den seine Angst zum Werkzeug der Selbstvernichtung macht. Er beschreibt unausweichliche Schicksale, die sozial determiniert sind. Seine Helden steigern sich in Psychosen des Selbstekels, den sie an der Umwelt in sadistischen Akten abreagieren. An Kafka, mit dem man ihn denn auch verglichen hat, erinnert, daß sich die irrealen und monströsen Vorgänge in einem nüchtern beschriebenen Alltag abspielen.

Thomas Mann hat „Knaben und Mörder" eine ausführliche Besprechung gewidmet, in der er die Dämonie der Vision bewundert hat. Guido K. Brand hat hervorgehoben, daß Ungars Erstling sich entscheidend von dem hier gestalteten Thema seiner Generation unterscheidet: „Es ist die typische Geschichte einer Pubertät, wie sie von Tausenden geschrieben wird. Aber in ihrer Schwüle und Dumpfheit lebt durch die formale Beherrschung von innen heraus eine große Beglückung. Es ist von einer Reife im Ausdruck, von einer Gestaltungskraft mit wenigen summarischen Bemerkungen, wie kaum ein Erstlingswerk."

Ungars Hauptwerk ist der Roman „Die Verstümmelten". Hier hat er seine Thematik, Angst und Zerstörung, und den Untergang der Protagonisten dieser durch Krankheit, Häßlichkeit, Erfolgslosigkeit, Lebensuntüchtigkeit ausgelösten Verzweiflung konsequent bis zum Extrem durchgeführt. Ein Kranker erwartet seinen Tod. Er lernt sich als etwas Abscheuliches verachten und reagiert seine psychische Verzweiflung in Aggressionen ab. Es entsteht wie in den „Zofen" Genets ein sadomasochistisches Dreiecksverhältnis zwischen dem Todkranken, seinem Freund, dem Modell der totalen Passivität des bürgerlichen Bankbeamten, der „nicht aus gutem Haus sein wollte", und dem Pfleger, einem Fleischhauer mit religiösem Schuld- und Sühnewahn. Dazu kommt die gestörte erotische Kommunikation mit der symbolischen Bezugsperson, einer alternden Witwe. Es kommt zu einer Art Ritualmord, wobei gleichgültig ist, wer ihn begangen hat. „Eine faszinierende psychologisch-gesellschaftliche Analyse, deren stilistische Kennzeichen realistische Detailschilderung, bittere Komik und geschlechtliche Melancholie sind", wie Irene Zivsa ihren Kommentar bei Kindler resümiert.

In der Rezeption Hermann Ungars, der Thomas Mann zwei Essays wert war, fehlt es nicht an Satyrspielen. Max Brod denunziert ihn in seinem von Freund- und Feindschaften motivierten miserablen Buch über den Prager Dichterkreis so: „Er verkehrte im ‚Prager Tagblatt', da hat er aber einen so unbedeutenden Eindruck auf mich gemacht, daß ich alles vergessen habe." Tatsächlich hatte Ungar damals noch nichts publiziert.

Auf der Konferenz über die Prager deutsche Literatur, die 1965, also zwei Jahre nach der Kafka-Konferenz in Libice, stattgefunden hat, erklärte ein gewisser Hans Demetz: „Noch heute überfällt mich ein Grauen, wenn ich an seinen Prager Roman ‚Die Verstümmelten' denke, mit seinen fürchterlichen, vor keiner Unappetitlichkeit zurückschreckenden Schilderungen von abstoßenden Vorgängen in einem pervers-erotischen Milieu." Das war der Beitrag der „Konferenz über die Prager deutsche Literatur" über Hermann Ungar.

Im „Handbuch der deutschen Gegenwartsliteratur" konnte man 1970 immerhin lesen: „In seiner Prosa verbindet sich Sensitivität mit leidenschaftsloser Genauigkeit, die es möglich macht, selbst widerlichste Vorgänge distanziert erscheinen zu lassen. Das Makabere seiner Geschichten wird durch das Ironische in Schwebe gehalten."

Elisabeth Janstein

Geboren 1893 in Iglau
Gestorben 1944 in Winchcombe (England)

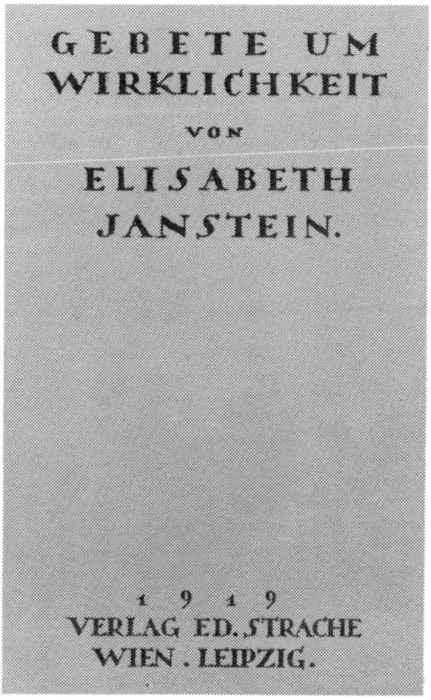
GEBETE UM
WIRKLICHKEIT
VON
ELISABETH
JANSTEIN.

1 9 1 9
VERLAG ED. STRACHE
WIEN . LEIPZIG.

Nur in zwei Publikationen wurde Elisabeth Janstein seit ihrem Tod noch erwähnt: In Josef Mühlbergers „Geschichte der Literatur in Böhmen" und in Minna Lachs' auch schon zwei Jahrzente zurückliegender Lyrikanthologie österreichischer Dichterinnen „Und senden ihr Lied aus". In allen anderen Nachschlagwerken fehlt sie, in Adalbert Schmidts zweibändigem Werk „Dichter und Dichtung aus Österreich" ebenso wie in Schöndorffs Anthologie österreichischer Lyrik. Auch die Expressionismusmode ist an ihr vorbeigegangen, und selbst die Erforscher der Emigrationsliteratur haben sie übersehen, weil es bei ihr keine Statements gab.

Als sie emigrierte, war sie schon vergessen. Ihre zwei schmalen Bände sind 1919 und 1920 erschienen, 1919 der Gedichtband „Gebete um Wirklichkeit“ und ein Jahr darauf der Prosaband „Die Kurve“. Ausführlich war sie auch in der 1920 erschienenen Anthologie von Gedichten aus Österreich „Die Botschaft“ vertreten.

Nach Mühlberger und Rheinhardt ist sie 1893 in Iglau geboren. Minna Lachs verlegt ihre Geburt in das Jahr 1891 und nach Wien. In Wien war sie jedenfalls zur Expressionistenzeit. Der zweite Weltkrieg hat sie in Paris überrascht, wo sie beruflich tätig war. Genaueres wäre heute wohl nur mehr von den immer spärlicher werdenden überlebenden Freunden und Verwandten zu erfahren. Ich habe leider versäumt, Martina Wied, die mit ihr befreundet war und sie sehr geschätzt hat, seinerzeit um Auskünfte zu bitten. Gestorben ist sie 1944 in Winchcombe in England, wohin sie, schon schwer krank, von Paris geflüchtet war und wo sie von Freunden gepflegt wurde.

Sie hat zur Expressionistenzeit publiziert und ist auch in den Expressionistenverlagen veröffentlicht worden. Ihre Gedichte berühren sich thematisch mit dem Expressionismus, haben aber nichts mit den stilistischen Verstiegenheiten der jungen Dichter der Zeit zu tun.

Die erste Strophe aus einem frühen Gedicht hat fast einen Volksliedton:

Menschen, wir stehen im Hemde
bitterster Scham allein.
Wollten wir nicht in die Fremde,
Brüder und Schwestern sein?

Ich habe in einem Buch des Ed. Strache Verlages von 1920 eine Ankündigung ihres Gedichtbandes gefunden. Was hier steht, gilt noch heute vollinhaltlich. „Die Dichterin, die mit diesem Buche zum erstenmal hervortritt, ist als Bildende, als Künstlerin im engeren Sinne des Wortes nicht immer völlig vermögend, in vollkommenen Gebilden ihre gereifte Seele abzubilden. Aber die menschliche, die im genauesten Sinne dichterische Kraft, ist so reich, so reif und so hoch, daß keine prosaische Zeile, kein prosaischer Ausdruck . . . sie stören könnte. Kein Gedicht, in dem nicht die Kraft des Gefühls und die Macht ganz neu erblickter Geheimnisse überraschte. Gar nicht künstlich, oder auch nur kunstreich, ganz einfach sind die Zeilen hingebaut: Elisabeth Janstein erneuert nicht die Mittel des Ausdrucks, die alten, ewigen Gebete bewegen sie. Ihr verwirklichen und erneuern sich die Grunddinge und Grundgefühle in einer Intensität, die die Leidenschaft der Agnes Miegel übertrifft, zu einem Gesichtskreis, der weiter ist als der von Lulu-Strauss-Torneys Lyrik."

Ein anderes Thema der Zeit, die Gleichzeitigkeit der Ereignisse, die auch andere junge Dichter damals bewegt hat, nimmt sie in dem Gedicht „Herz steh still" auf. Kein vollendetes Gedicht, ein Gedicht, dem man seine Entstehungszeit anmerkt, aber Verse, die heute noch bewegen, heute noch ergreifen können:

In dieser Minute, in dieser Minute
Stehn Menschen verkrampft in düsteren Toren,
Gehn schwanke Schritte zu kreisenden Wassern,
Gellt Schrei und Stöhnen im Dunkel verloren.
In dieser Minute, in dieser Minute
Winden sich Frauen im blutigen Gebären,
Neigen sich Mütter verlöschendem Atmen,
Öffnen sich Mädchen jähem Begehren.
In dieser Minute, in dieser Minute
Sinken Leben in schweigende Schächte,
Bläue tritt in zersprungene Lippen,
Löst sich das Weinen verlorener Nächte.

Was sie konnte, zeigt ein anderes Gedicht, das wieder ein lyrisches Klischee fast zu einem Volkslied formt. Die experimentierenden Männer haben ihre raffinierte Schlichtheit wohl unterschätzt. Das Gedicht heißt „Besinnung":

Ich will meiner Worte zuviel
Abtun, ein buntes Kleid.
Alles ist Schein und Spiel
Vor dem Dunkel der Ewigkeit.

Qualvoll war ich verzerrt,
Fordern hatte kein Maß.
Alles Wollen gehört
Unter das Viereck Gras.

Ein Licht um das andere löscht aus –
Letzte Maske zerfällt.
Wissend trat ich hinaus
Aus der Geltung der Welt.

Sie hat das expressionistische Pathos verweiblicht. Barokkes schwingt mit, Rilke-Töne. Während die Lyriker ihrer Generation ins Allgemeine, ins Kollektive drängten, in die große Utopie, hat sie, wie ihr Gedichttitel sehr schön sagt, um Wirklichkeit gebetet. Während so viele Lyriker dieser Zeit vor ihren großen Zielen mit den einander übertreffenden Beteuerungen, mit sich übersprudelnden Wortfetzen stolperten, hat sie, sehr weiblich, dieses neue pathetische Lebensgefühl, das sie teilte, nicht verinnerlicht, sondern verweltlicht. Sie hat es für ihr ganz persönliches Erleben und Fühlen zurechtgeformt. „Das herrlich aufgestörte Herz zitterte in seinen Fasern", wie eine ihrer wunderbaren Formulierungen lautet. Sie hat den unerklärbaren bezwingenden lyrischen Ton, wie ich noch mit drei Strophen ihres Gedichtes „An das Dunkel" beweisen will:

Dunkel, warum bist du schweigend
Voller Unerbittlichkeit?
Traurig in den Abend neigend
Ist mein Herz aus Schächten steigend
Gramerfüllt und totbereit.

Alle deine Güter
lassen mich entstellt und ärmer los.
Hilflos will ich Letztes fassen,
Dunkel, Nacht in allen Gassen,
Nacht und Dunkel uferlos.

. . .

Dunkel du, an meinem Fenster
Hängst du groß und fürchterlich.
Alles lastet unbegrenzter.
Nacht brich auf, du sternbeglänzter
Himmel werde hell für mich.

Hans Kaltneker

Geboren 1896 in Temesvar
Gestorben 1919 in Gutenstein

Hans Kaltneker war eine Jugendbegabung mit genialen Zügen. Mit 23 Jahren ist er der Lungentuberkulose erlegen. Als seine Altersgefährten einrückten, stand sein Todesurteil bereits fest. Die Zeit kam diesem Ekstatiker, diesem Todkranken, der sich verzehrte, entgegen. Er war prädestiniert für den Expressionismus. Er hat vier Dramen, einen Band Novellen und eine Handvoll Gedichte hinterlassen und den wenigen, die ihn persönlich gekannt haben, wie Alfred Zohner schrieb, „den unvergeßlichen Eindruck einer in Weißglut erhitzten Persönlichkeit gemacht".

Heftig und kurz wie sein Leben war sein Nachruhm. Sein Drama „Die Opferung" ist 1922 im Volkstheater uraufgeführt worden, „Das Bergwerk" 1923 im Raimundtheater, und im selben Jahr das Mysterium in drei Abteilungen „Die Schwester“ mit Ida Roland in der Titelrolle im Renaissancetheater. Wie sehr er sich dem Theater verbunden fühlte, zeigt, daß er der verehrten Burgschauspielerin Else Wohlgemuth die neun Sonette „Tasso an die Prinzessin“ gewidmet hat.

Auch Buchausgaben folgten: 1921 die Novelle „Die Liebe“, 1924 „Die Schwester“ im Verlag seines Jugendfreundes Paul Zsolnay, der 1925 auch „Das Werk“ mit einer Einleitung von Felix Salten herausgab. 1929 folgten noch „Drei Erzählungen“, von denen die stärkste, „Gerichtet, gerettet“, gelegentlich erwähnt wird.

Seine Stücke sind Erlösungsdramen. In „Die Opferung“ will ein junger Mensch die Welt erlösen, indem er nicht nur seinen Körper, sondern auch seine Seele opfert. In dem Arbeiterdrama „Das Bergwerk“ fordert einer nicht nur die äußere, sondern auch die innere Revolution, also eine Art Verinnerlichung der Revolution. Das ist gar nicht unaktuell, wenn man das Drama auch kaum als Stück aus der Arbeitswelt bezeichnen würde. Die Figuren äußern sich in Schreien. Das Rufzeichen wird überstrapaziert.

Die Szenenangabe ist geradezu typisch für ein expressionistisches Drama: „Vor der Schachtöffnung. Ein rauchender Krater. Trümmer von Gebälk und Gemäuer. Um den Eingang ein Stacheldrahtzaun, Schwaden fetten, rußigen Rauches schwer über allem. Eiserne Wintersonne sticht gelb durch“. Das Bühnenbild setzt ein soziales Signal, will aber auf Stimmung nicht verzichten. „Ein Weib (in die Knie brechend, Fäuste schlagen den Boden): Erde!“ Kaltneker findet von der Schreidramatik immer wieder zu einem Realismus, der sich aber rasch zum Symbol steigert.

Das letzte Stück „Die Schwester“, in seinen letzten Lebenstagen in fast selbstzerstörerischer Vehemenz hingeworfen, spielt das im Erotischen durch. Die lesbische Ruth wird zur Schwester der Welt. „Ruth ist allein wie niemand auf der Welt“ schrieb Kaltneker in einem Vorwort, in dem er die Darstellung der Homosexualität auf der Bühne rechtfertigt. „Vom Anfang an. Zu größerer Gottverlassenheit schuf ich sie homosexuell, nicht um ein Tendenzstück zu schreiben.“ Ein Stück des Mitleidens! „Das Leid der Geschlagenen ist ungeheuer“, heißt es weiters im Vorwort, „inkommensurabel dem unseren. Es gibt

Leid, das erstarren macht, Leid, das in kein Du mehr auszuströmen vermag, den würgenden Ring des Ichs schließt. Von dieser Art pflegt dieses Leid zu sein, das erfuhr ich. Eros cruzifixus."

Das Motto: „Es vergebe der Mensch dem Menschen, daß er geboren ist."

Spielen kann man das heute wohl kaum, und zwar weniger aus formalen Gründen als wegen der zeitbedingten Verinnerlichungstendenz. Die Stücke sind, so tief sie empfunden sind, so sehr Kaltneker auch in allen Fasern Dramatiker war, doch Zeitgeist und Zeitform. Selbst sein Herausgeber Paul Zsolnay hat zugestanden, daß seine bornierten Väter aus Hasenclevers „Sohn" kommen und seine Dirnen aus den Freudenhäusern Wedekinds. „Wäre er ein Eigener geworden?" fragt Zsolnay und antwortet: „Wenn dem jungen Hans Kaltneker auch nicht die Zeit gegönnt war, sich seine Instrumente selber zu bauen, wenn er auch das Orchester anderer Leute dirigierte, so hat er es doch dirigiert mit einem Schwung und mit einem Feuer, vor dem einem manchmal der Atem stockt. Und er bringt neue Klänge in die übernommene Melodie, so daß die übernommene Melodie zur Unterstimme wird."

Kaltneker hat einige Gedichte geschrieben, die haben die Jahrzente überdauert. Er ist auch hier ein Vollblutdramatiker, dem es leider nicht vergönnt war, in einem Bühnenwerk seine volle Reife zu finden. In zwei Gedichten hat er sie gefunden. Bezeichnend, daß er überwiegend Sonette geschrieben hat. Er mußte seine wuchernde dramatische Kraft in eine strenge Form zwingen. Da ist einmal eine der großartigsten sozialen Dichtungen der österreichischen Literatur, das „Tischgebet zum 1. Mai":

Komm zu uns, Jesus Christ, sei unser Gast.
Vom Brote brich. Es schmeckt nach den zehn Stunden,
die ich in Kesselglut mich wund geschunden.
Komm segne, was du uns bescheret hast.

Lang' auch zu den Kartoffeln. Die sind sehr
beliebt bei uns. Und um sie schleppt die Meine
auf ihrem Kopf zehn Stunden Ziegelsteine.
Hab' Dank für deine Güte, unser Herr!

Und morgen ist dann erster Mai. Den feiern
wir ganz besonders. Unsere Lippen leiern
die Marseillaise. Eine Schnapsbutik

steht auch am Weg. Da will ich dich erst loben.
Der ärgsten Sorgen sind wir nun enthoben.
Die Kinder können auch bald zur Fabrik.

Ganz im Vokabular und Tonfall des Expressionismus ist das Sonett „Der Mord“. Aber das Vokabular und das Stakkato der Zeit sind hier zu einem diese Zeit gestaltenden Kunstwerk geworden:

Ein Bahndamm. Telegraphendrähte schwirren.
Lokomotivenpfiff, Gewölk. Grau. Drohend.
Fabriken. Rauchend. Hammerlaut. Zornlohend.
Rostrote Schwaden, die um Schlote irren.

Breit wuchtet vor dem Horizont die Stadt.
Qualgelbe Quadern, Mauern. Türme, Gassen
mit geilen Hunden, Menschen, die sich hassen
und nehmen und verprassen. Einer hat

ein Messer in der Hosentasche. Lauert
am Damm im Dunklen. Sprungbereit. Das Knie
am Boden festgestemmt. Heiß von der Not

des Blutes. Wartet. Fern die Melodie
des Hammers, der auf Eisen niederschauert.
Schritte – Ein Sprung. Ein Stoß! Ein Schrei!! – Ein Tod.

Felix Salten hat das Fazit gezogen: „Die Werke, die er geschaffen hat, sind nicht Kriegsliteratur, aber Literatur der Kriegszeit. Kein Wort mahnt in ihnen an Schlachtfelder, Schützengräben oder Trommelfeuer . . . Doch in seinen Dramen, Novellen, Gedichten ist das heiße Feuer jener Tage, die rasende Auflehnung der Jugend, der wütende Bildersturm.

. . . In seinen Dramen arbeitet er mit am Umsturz morsch gewordener Moralbegriffe. Mit der Unbändigkeit der ersten Jugend, mit den heftigen Stößen explosiver Leidenschaft, mit Ausbrüchen kühnster Brutalität und einer neuen, blitzartig aufschimmernden Schönheit.“

Rudolf Felmayer

Geboren 1897 in Wien
Gestorben 1970 in Wien

Ist Rudolf Felmayer schon vergessen? Bei der Schriftstellergeneration, die nach dem Krieg hervorgetreten ist, sicherlich nicht. Wie könnte das auch sein. Da gab es kaum einen, den er nicht beraten, dem er nicht geholfen hat. Den einen hat er den Start ermöglicht, die anderen, eine Minderheit, haben sich ohne ihn durchgesetzt, aber in Kenntnis seiner Instanz. Felmayer war beim Radio, in der Volkshochschule, bei den Städtischen Büchereien, er hat die Anthologie „Tür an Tür“ herausgegeben und weit über hundert Bändchen in der Reihe „Neue Dichtung aus Österreich“, in der eine ganze Generation österreichischer Autoren debütiert hat.

Aber der jüngeren Generation sagt sein Name nichts mehr. Seine Gedichtbücher sind aus den Buchhandlungen verschwunden. Und nichts ist rascher vergessen als eine literarische Institution, wenn sie nicht mehr funktioniert. Felmayer? Das war der, zu dem man mit einer Tasche voll Manuskripten ging. Der Radiosendungen und Lesungen vermitteln und einem, und wenn es auch nur ein Heftchen war, zum literarischen Debüt verhelfen konnte. Den kleinen schusseligen Mann, hinter dessen scharfen Brillengläsern ein skeptischer Blick funkelte, haben schon zu Lebzeiten die Autoren besser gekannt als die Leser. Er hat sich so viel um das Werk anderer gekümmert, daß der Dichter Felmayer im Bewußtsein der Öffentlichkeit hinter den kritischen Freund der Dichter zurückgetreten ist. Vierzehn Jahre nach seinem Tod ist es höchste Zeit, wieder an einen Dichter zu erinnern, der auch ein Freund der Dichter war, vor allem aber ein Freund der Dichtung, wie es der inzwischen auch schon verstorbene Hans Bausenwein, einer seiner Schützlinge, dessen neuer lyrischer Ton überhaupt erst zu entdecken wäre, in seinem Gedenken an Rudolf Felmayer festgehalten hat:

Die Poesie des Meisters
beruht in dem sicheren Griff,
mit dem er
liebevoll
noch das Störrisch-Unpoetische
am Haarschopf
unterm Tisch hervorzieht;
und dann setzt er es
mit einem Klaps sich aufs Knie
und verhätschelt es so lange,
bis es lächelt: so,
als sei es immer schon ein Vers gewesen.

Felmayer ist in Wien geboren und in Wien gestorben. Er war zuerst Bankbeamter und dann freier Schriftsteller. Nach 1945 hatte er eine Schlüsselposition in der österreichischen Literatur, die ihm deshalb niemand streitig machte, weil er sich um Dinge kümmerte, die den anderen gleichgültig waren und mit denen man weder Reichtümer erwerben noch berühmt werden konnte: um Verse und um junge und nicht mehr ganz junge Leute, die Verse machten. Die Stationen dieses Lebens sind die Erscheinungsdaten seiner acht Gedichtbücher und die ständige Arbeit am Werk der Werdenden. Er muß Abertausende Seiten von Manuskripten gelesen haben, immer aufmerksam, immer bereit, ein Talent zu entdecken, und immer auch bereit, sich darüber zu unterhalten. Er war spontan in Zustimmung und Ablehnung. Ein Mann, mit dem man sich stundenlang über einen Reim unterhalten konnte.

Ich habe ihn knapp nach Kriegsende in dem Literaturzirkel einer Volkshochschule kennengelernt, in dem zum erstenmal öffentlich in Wien der damalige polnische Kulturattaché Stanislaw Jercy Lec aufgetreten ist und die Anwesenden durch seine kritische Beurteilung der russischen Besetzung und der sowjetischen Politik erstaunte. Ich habe Felmayer Gedichte von mir gegeben, von denen er dann eines im „Plan" abgedruckt hat, wo er eine Rubrik „Junge Lyriker" betreute. Am Nachhauseweg habe ich auch den politischen Menschen Felmayer kennengelernt. Seinen konsequenten Antifaschismus. Man konnte sich nicht vorstellen, daß dieser redliche Mann jemals einer politischen Verlockung erliegen hätte können.

Sein erster Gedichtband ist 1936 erschienen und gleich preisgekrönt worden. Er heißt „Die stillen Götter". Das war ein bezeichnender Titel für ihn. Der Lyriker Felmayer war ohne Verinnerlichung, ohne Rückzug ein Mann der Zurückhaltung, der Stille. Daher seine Liebe zu einem „China der Seele":

Von China will die Seele singen,
im Duft der Meere und im Wind,
dahin die Schiffe niemals dringen,
weil sie zu früh gelandet sind.

Ein Meer birgt es in blau'ster Mitte,
und der Chinese kennt es gut:
im Traume schlendern seine Schritte,
wo alles Leid für immer ruht.

Wenn in den Nachen dann die Seele
aus ihrer Totenschwere steigt,
treibt sie in Flüssen, durch Kanäle,
im Flutbaum, der das Land durchzweigt.

Es ist ein langes Gedicht, denn Felmayer hat die Geduld zum langen Gedicht gehabt, die Geduld und den poetischen

Atem, die Phantasie und die formale Kraft. Ich möchte daraus nur noch meine Lieblingsstrophe zitieren:

> So reihen Tage sich an Tage –
> ein jeder ewig frisch und jung
> und geisterhaft zugleich als Sage
> der eigenen Erinnerung.

„Östliche Seele im Tode“ heißt der Gedichtband, dem diese Strophen entnommen sind. Ein anderer Gedichtband hat den Titel „Der Spielzeughändler aus dem Osten“. Felmayer hat lieber zurückgenommen, wo andere zusetzen, wenngleich er das große Zeitgedicht keineswegs gescheut hat. Pinselstriche statt großer Rhetorik. Aber dabei nichts Verschwommenes, sondern wie in der von ihm geliebten fernöstlichen Kunst, klare, männliche Konturen.

Seine letzten Gedichte hat er in der Umgangssprache geschrieben. Im Alter ist ihm das Wienerische immer stärker ans Herz gewachsen. Er hat sich zu barocker Volkstümlichkeit hingezogen gefühlt. „Barocker Kondukt“, „Der Wiener und sein Tod“, „Wiener Passion“ heißen die Bände. Den Tod, das große Thema des Lyrikers, hat er immer wieder bedacht.

Er war kein Großschriftsteller. Ob man nun wie ich seine frühe und mittlere Lyrik oder seine späteren Ausflüge ins Wienerische mehr schätzt, wie immer man den Dichter Felmayer einstuft, eines müssen ihm auch seine Feinde, falls er je solche hatte, nachsagen: Wenn es heute noch so etwas überhaupt gibt, dann hat er eine poetische Existenz vorgelebt. Und wenn er auch neuesten Richtungen nicht folgen wollte, folgen konnte, er hat sein literarisches Interesse nie auf die Vergangenheit und das Anerkannte beschränkt, seine lebendige, begeisterungsfähige, aber auch kritische Anteilnahme war immer auf das Werdende gerichtet.

„Seele auf dem Dachfirst“ heißt eines seiner Gedichte. So stelle ich mir seine Dichterseele vor:

> Man sagt, die leichteste der Seelen bleibe
> noch auf dem Dachfirst neunundvierzig Tage,
> bis sie, dann sacht entwöhnt dem alten Leibe,
> der Wind als einen Nebel weitertrage.

Paula Ludwig

Geboren 1900 in Altenstadt (Vorarlberg)
Gestorben 1974 in Darmstadt

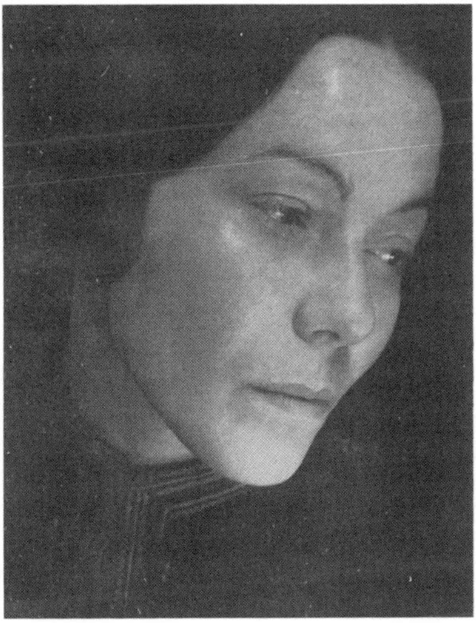

Seltsam, daß im Zeitalter der Emanzipation eine Schriftstellerin vergessen worden ist, die in der heute geforderten und beschworenen Frauensprache geschrieben hat, bei der man jeder Zeile anmerkt, daß sie von einer Frau stammt, und die denen an literarischer Qualität zumindest ebenbürtig ist, die ihr nachgefolgt sind. Paula Ludwig ist natürlich auch ein Opfer der Emigration. Sie ist zwar nach Deutschland zurückgekehrt, aber so berühmt war sie nie, daß man sie nicht inzwischen vergessen hätte. Es ist zwar noch ein Auswahlband ihrer Lyrik erschienen, auch ein Band ihrer Traumaufzeichnungen, sie hat auch noch zwei österreichische Literaturpreise bekommen. 1962 aus der Hand Ludwig von Fickers den Trakl-Preis und 1972 aus der Hand Christine Bustas den Preis des Österreichischen Schriftstellerverbandes. Aber sie ist schließlich vergessen gestorben. Seit Jahren gibt es nichts von ihr im Buchhandel. Dabei ginge ihr schmales Werk in einen umfangreichen Band.

Ihre Zeit war zwischen 1926 und 1934. 1926 ist ihr Gedichtband „Der himmlische Spiegel" bei S. Fischer erschienen, was damals noch etwas bedeutet hat. Es folgte dann ein weiterer Gedichtband, der vielbeachtete Band „Traumlandschaft", und ihre Jugenderinnerungen „Buch des Lebens". Ihr Foto war damals in den Illustrierten zu finden: ein langes, schmales Gesicht, von schwarzen Haaren umflossen. Sie wußte sehr gut, was sie ihrem lyrischen Ruhm schuldig war.

Ihre stürmische Biographie verbirgt, daß sie zeitlebens um die Existenz gerungen hat. In Vorarlberg ist sie durch Zufall geboren. Ihr Vater war ein schlesischer Wandertischler, Orgelschreiner und Sargmacher. Sie ist in einem unbewohnten Schlößchen zur Welt gekommen, weil das verfallene Amberg keine Miete kostete. Als sie neun Jahre alt ist, geht die Mutter, eine oberösterreichische Bauerntochter, mit den Kindern nach Linz, weil sie hofft, als Näherin in der Stadt die Kinder leichter durchbringen zu können. Als die Mutter 1914 stirbt, muß sie zum Vater nach Schlesien. 1917 kam ihr Sohn zur Welt. Der Vater war ein preußischer Offizier. Sie hat das Kind allein aufgezogen.

Die junge Paula Ludwig war ein wenig Bohème. Sie ist Modell gestanden, hat Theater gespielt, selbst gemalt. Sie hat heftige Liebesromanzen erlebt, die heftigste mit dem Lyriker Yvan Goll. Claire Goll, mit der sie manches verbindet, hat erst unlängst in ihren Erinnerungsbüchern davon berichtet. 1933 ist sie wieder nach Österreich zurückgekehrt. Sie hat bis 1938 in Ehrwald in Tirol gelebt. Als die deutschen Truppen in Österreich einmarschierten, floh Paula Ludwig in die Schweiz und weiter nach Paris. Es gelang ihr, auch ihren Sohn aus Deutschland herauszubekommen. Da sie sich weigerte, zurückzukehren, wurde sie 1939 ausgebürgert. 1940 flüchtete sie aus Paris. Sie schlug sich in den Süden durch und kletterte nachts über die Pyränäen. Im Dezember 1940 fuhr sie mit dem letzten Schiff, das aus Portugal auslief, nach Brasilien, wo sie wieder, kärglich, von ihren Bildern lebte.

Paula Ludwigs Lyrik ist erlebte Dichtung, erlebte und erlittene Liebesdichtung. Nun erleben wir in der Erlebnisdichtung oft die Überraschung, daß das, was so eigenständig, so originell schien, so abgesetzt von den übrigen Literatur, doch auch von der literarischen Mode der Zeit gezeichnet ist. Bei Paula Ludwig verhält sich das nicht anders. Aber zwischendurch gibt es Zeilen, die nur ihr gehören, die ihr persönliches Erleben geformt hat und die auch nichts von ihrer Überzeugungskraft eingebüßt haben. Da heißt es einmal „Aber schon bin ich groß wie ein Wald/ ganz ohne Ausweg“. Oder: „Ich will gern allein in den Brennesseln des Schmerzes zurückbleiben“, oder „Warst du nicht ganz wie aus Gold/ da du mich liebtest/ kein Rost vermochte an dir zu fressen“.

Der Höhepunkt ihrer Liebeslyrik ist ein Gedichtzyklus, der in ihrer metaphernreichen Sprache auf neun Druckseiten alle Triumphe und Abgründe eines Liebesromans durchmißt. Ich gebe daraus einige Proben:

Verschwiegst mir die Härte des Winters
im sanften Fall des Schnees
Umgrünt von Moosen
nie welkte das Jahr mir!
Mit rosigen Nebeln verhülltest Du mir
das Fahle Deiner Dämmerung

Nicktest in meinem Traum mit Deinem freundlichen Tierhaupt
Im Spiegel Deines klarsten Bergsees
zeigtest Du mir mein junges Gesicht
ließest mich raten im Lächeln Deiner Geduld
Voll goldener Ahnung gossest Du mir
die irdene Schale des Tags

Fülltest mir die dunkle Urne der Nacht
mit Deinen seligsten Sternen
Behutsam lenktest Du meine Schritte
durch Dein verbotenes Dickicht.

. . .
Im Zentrum der Fremde – in Deiner entlegensten Gegend
riefst Du mir zu einen Gruß aus ärmlicher Verkleidung –

Aber auf einmal schriest Du mich an
schrecktest mich auf mit der ganzen Gewalt
Deiner Stimme
Mit Sirenengeheul
brachst Du ein in mein Ohr
. . .
Die scharfe Kralle des Schmerzes
stießest du in mein Fleisch
Den Griffel des Grams
grubst Du in meine Züge
Umschlugst meinen Leib
mit dem Schweißlaken der Angst
. . .

Lyrik als Beschwörungsformel. Als Litanei der Anbetung und der Verfluchung, schließlich der Verzeihung und Versöhnung.

Typisch für ihre spontane Dichtung, in der Romantik hätte man das Herzensergießungen genannt, sind ihre Traumaufzeichnungen. Diese Träume werden nicht selten zu Märchen, Wunschträumen, von Königen, dem schönen Fürst. Ausgemalt hat sie so ein Wunschmärchen vom Kaiser von China. Liebesträume steigern sich zu Utopien idealer Vereinigung – im Tod, wie in dem Traum „Die Verwandlung“:

„Ich sehe zwei Gestalten am Meeresstrand: Wie gebannt stehen sie einander gegenüber: sie öffnen die Lippen, um sie wieder zu schließen, sie schlagen die Augen auf, um sie wieder zu senken, sie heben die Arme, um sie wieder fallenzulassen – ihre Liebe ist zu groß, um mit menschlichen Mitteln sich äußern zu können. Ich fühle: allein der Tod kann ihnen weiterhelfen . . .“

Es gibt aber Träume, die ihre lapidare Liebesentzauberung ausdrücken, wie das kurze Stück „Hochzeit“:

„Ich begegnete einem Hochzeitspaar und rief aus: Oh, ihr wollt heiraten?
Ja, sagten die zwei. Wir tun es für die Erinnerung.“

Wilhelm Franke

Geboren 1901 in Wien
Gestorben 1979 in Wien

Wilhelm Franke, der vor einigen Jahren noch unter uns war, ist heute so vergessen, daß sogar die Anthologieherausgeber ihn übersehen. Joachim Schondorffs „Von Zeit und Ewigkeit“, die umfangreichste Anthologie österreichischer Lyrik, die kürzlich erschienen ist, hat ihn nicht zur Kenntnis genommen. Offenbar wird niemand rascher vergessen als ein Dichter.

Wilhelm Franke war das, was man heute einen Regionalisten nennt, aber er war niemals ein Heimatdichter. Er hat die Welt nicht auf das Waldviertel reduziert, er hat das Waldviertel zu einem literarischen Schauplatz, wenn schon nicht der Welt, dann der Gefühle und Triebe gemacht, welche die Welt bewegen.

Er ist neben Wilhelm Szabo der Lyriker des Waldviertels.

Die Waldviertler Landschaft ist herb, streng. Mit einem Wortschwall, mit konventioneller Reimerei, mit Phrasen ist sie nicht zu beschwören. Sie formt die Sprache dessen, der sie besingen will. Wie die Schönheit der Waldviertler Landschaft erschließt sich die Poesie ihrer Dichter nicht auf den ersten Blick, wobei allerdings nicht auszuschließen ist, daß sie bei der ersten Begegnung überwältigt, die Landschaft ebenso wie ihre Dichtung.

Ich bin auf Wilhelm Franke im Krieg durch die letzte Auflage von Will Vespers „Ernte" gestoßen. Das war eine damals viel gelesene Lyrikanthologie. Daß er hier aufgenommen worden ist, war ein großer Erfolg für Franke. Er hat ihn erst einem breiteren Publikum bekannt gemacht. Ich habe damals sofort den Band gekauft, dem die sechs Gedichte in der „Ernte" entnommen waren: „In dunklen Wäldern, auf silbernen Straßen", in einem Verlag in Reichenberg im Sudetenland erschienen. Ich habe eine völlige Kongruenz dieser herben, kargen Gedichte mit der Landschaft gefunden, in der ich damals gelebt habe. Ihre Melancholie war die Melancholie des „Frühen Herbstes", wie eines seiner Gedichte hieß:

Einmal noch regt sichs geschäftig im Land mit den gilbenden Büheln:
beerentrunkene Vögel umschwirren des Wanderers Pfade,
tausend Hände wühlen die Äcker auf, füllen die Säcke,
Wagen auf Wagen knarrt hin.

Feuer züngeln auf schwarzen Rainen und Schatten vor Kindern
heben sich tanzend empor.
Wirre Zeichen schreibt brauner Rauch um die Dörfer, das Städtlein.
Erdfarben, schummriges Licht!

Fern aber ragt das Gebirge in blauer Strenge und Stille,
nur sein einsames Haupt allein ahnt die Tiefe des Herbstes,
nur sein dunkelndes Haupt.

Und eines der Gedichte hieß schlicht „Waldviertel", und ich erkannte darin nicht nur das Waldviertel, sondern das einsame Ich in dieser oft unnahbaren, abweisenden, aber immer überwältigenden Landschaft:

Deine Vögel habe ich besungen und deine Kinder.
Deine Bauern haben mich schweigen gelehrt.
Deine Mütter haben mich gepflegt, da ich krank war.

In deinen einsamen Dörfern erbebt' ich vor dem Erzklang der Winter.
Deine kleinen Städte sind mir zärtlich träumende, schöne Schwestern.
Allen deinen dunklen Teichen verschrieb sich mein Herz!
Deine machtvollen Wälder orgeln Gottes Musik!

Wer war Wilhelm Franke? Ein niederösterreichischer Autor, in seinem engen Rahmen immer angesehen, aber durch Bescheidenheit kaum einmal herausgetreten aus dieser regionalen Isolierung. Er war wie Wilhelm Szabo ein Leben lang Lehrer im Waldviertel. Das Waldviertel ist seine Landschaft. Wie Szabo war er ein Dichter, der das Dorf aber nicht heroisiert, nicht idyllisiert, nicht einmal dämonisiert, der einfach die Faszination, aber auch die Fremdheit dargestellt hat, die ein Intellektueller, ein Künstler in dieser archaischen, nur auf das Notwendige reduzierten Welt empfindet. Jeder hat einmal geglaubt, er kann an der Natur gesunden, aber dann möchte er sie fliehen. „Ich sitze im letzten Dorf, wo keiner mir hilft", heißt es da einmal, und ein anderes Mal „Einmal wird untreu das Herz und schmäht auf die Heiden und Moore".

Das große Vorbild war natürlich Georg Trakl. Manchmal baut er ganze Trakl-Elemente in seine Gedichte ein. Das folgende Gedicht „Herbstklang" zeigt aber, wie er das Trakl-Vokabular seiner Landschaft angepaßt, wie er es dem eigenen Erleben, der eigenen Anschauung gewonnen hat:

Schon tönen am braunen Flusse die klagenden Rufe der Hirten,
die blauen Beeren drängen am Stamme der dunklen Wacholder.
Die Urblöcke sammeln in reinen Mulden des Herbstregens Wasser,
Waldtauben trinken daraus, wenn die Nebel der Frühe rauchen,
der Birken goldnes Gefäll im schweigenden Weiher sich spiegelt.

Die weltalte Landschaft erträgt das Vergehen des Jahrs wie
ein Lächeln.
Ihr ewigen Wälder, kummerlos zeigt ihr das grüne Gesicht!
Allein des Menschen vergängliches Herz verzagt und erzittert,
wenn unter des Windgottes Schreiten das Haus und die
Scheuer erbeben,
im Garten die abgeschleuderte Frucht rollt.

Trakls Dämmerungen, Trakls Geheimnisse, Trakls Farben. Braun und Blau dominieren. Er hatte ja überhaupt ein enges Verhältnis zu Malern. „Meinen liebsten Brüdern, den Malern" hat er ein Gedicht gewidmet, ein anderes Egon Schiele. Sein Schwiegersohn war der bekannte Bildhauer Andreas Urteil.

Am eindrucksvollsten sind seine kurzen Landschaftsbilder. Das sind gleichsam Federzeichnungen in einem herben Strich. Ein Beispiel:

Wacholder, Thymian und Heidelbeere
im schmalen Feldgehölz, im kleinen Hain
drei schwarze, moosige Jahrtausendblöcke
und junger Birken zarter Blätterschein.

Seine Lyrik hat etwas Lapidares, die besten Gedichte ziehen wie Trakl-Verse den Leser in ihren Bann. Ganz selten unterbricht er wie absichtlich diese poetische Magie und weicht in eine idyllische Utopie aus, wie wenn er ins Harmlose zurückfinden wollte, nachdem er sich ins Geheimnisvolle verirrt hat.

Franke hat ein Leben lang als Hauptschullehrer in Gmünd verbracht. Erst die letzten Lebensjahre hat er als pensionierter Schulrat in Wien gelebt.

Er hat Prosa und Lyrik geschrieben. Überleben wird seine Lyrik, auch wenn sie momentan vergessen ist. 1933 ist sein erster Gedichtband „Wirrnis und Weg" erschienen. Für „Wanderer im Waldland"erhielt er 1938 den Julius-Reich-Preis für Lyrik. Repräsentativ ist die 1939 erschienene Auswahl „In dunklen Wäldern, auf silbernen Straßen". Heute ist keines seiner Bücher greifbar. Eine Auswahl seiner Waldviertel-Gedichte ist überfällig.

Jesse Thoor

Geboren 1905 in Berlin
Gestorben 1952 in Lienz

Peter Karl Höfler, der sich als Dichter Jesse Thoor nannte, ist 1905 in Berlin als Kind einer oberösterreichischen Familie geboren, die bald darauf wieder in ihre Heimat zog. Er hat in Linz und Steyr gearbeitet. Nach der Machtübernahme Hitlers ist er von Deutschland wieder nach Wien gezogen. Den Krieg und die Nachkriegsjahre hat er in England verbracht. 1952 ist er bei einem Besuch seiner Tante und von Freunden in Lienz gestorben. Das Register des Krankenhauses, in dem er einem Herzanfall erlag, vermerkt, daß der Betrag von 70 österreichischen Schillingen, die er bei sich hatte, zum Ausgleich der Unkosten verwendet wurde.

Er hat sich zeitlebens literarisch nicht durchgesetzt. Man kann Berühmtheiten aufzählen, die ihn geschätzt haben, Thomas Mann, Ringelnatz, Werfel, Alfred Neumann, Kerr. In Wien leben heute noch Freunde, die sein Andenken bewahren. Hubertus Löwenstein hat sich in der Emigration seiner angenommen. Alfred Marnau hat 1956, Michael Hamburger noch einmal 1965 sein Werk ediert.

Aber ein Publikum hat er, der volkstümlich für das Volk geschrieben hat, weder zu Lebzeiten, da er ein einziges Buch veröffentlicht hat, 1948 seine Sonette, noch nach seinem Tode gefunden. Die beiden Ausgaben haben ihm nur einen kurzlebigen literarischen Ruhm eingetragen, ein Nachfolger Villons und Rimbauds zu sein.

Womit auch auf sein Vagantenleben angespielt wurde. Er war das, was man einen unbehausten Menschen nennen könnte, aber nicht im intellektuell-esoterischen Sinn, sondern proletarisch-sozialistisch. Er hat allerlei Handwerke betrieben und auch beherrscht, alle möglichen Berufe ausgeübt und war lange auf der Walz.

Michael Hamburger gibt einen Eindruck von diesem unsteten Wanderleben:

„Er zog fechtend über das Land, klapperte in Graz sämtliche Klöster ab – wovon ein schönes Sonett berichtet – wurde einmal als Fechtbruder festgenommen, kam nach Südtirol und bis nach Mailand hinunter, machte auf einem Frachtschiff einen Abstecher nach Budapest, fand Verbindung mit österreichischen Künstlern und wurde übrigens auch auf diesen Sommerwanderungen seine Tuberkulose los.

Dazwischen hatte er versucht, zur See zu fahren; zuerst als blinder Passagier, wozu er sich stundenlang in einer mit einer Plane verdeckten Taurolle an Bord versteckte. Die Seeleute nahmen ihn nach seiner Entdeckung dann doch zur Unterhaltung mit: den kleinen Kerl, der viel erzählte und sang. So kam er bis nach Spanien. Eine Zeitlang lebte er in Rotterdam, wo er eine Weile bei einer Prostituierten unterkam und als Heizer und Trimmer auf Küstenschiffen anheuerte. Aus dieser Zeit stammte auch die Narbe eines tiefen und gefährlichen Messerstiches in der rechten Brustseite, den er bei einem Raufhandel in einer Hafenkneipe empfing."

Gearbeitet hat er nach Zeugnissen von Freunden, um wieder eine Weile leben zu können. Im „Autobiographischen Sonett" schildert er sein Leben:

Am 23. Jänner 1905 unter Schmerzen im Schatten einer
Monarchie geboren
Auf Stroh, mit Lumpen zugedeckt, später das Schädelchen
kahl geschoren,
Gelernt bei den grauen Schwestern Beten, Singen und
Speichelschlucken,
Wenn Luft im Magen gärt und Träume wie der Frühling
seinen Nacken jucken,
Wer nimmt es da dem Knaben krumm, daß er die Welt er-
bost beschaute?
Ihm sproß die junge Republik gewiß nicht artig um den
dünnen Bart.
Ein Rest Tabak aus seinem Munde und drei Tropfen Blut,
auf diese Art
Galt es gleich viel, als er der Freiheit Unterkunft und Barri-
kaden baute.

Alle, die ihn gekannt haben, berichten von einer wenigstens zeitweiligen Abneigung gegen alles hochgeistige Geschwätz. Man könnte ihn auch einen Arbeiterdichter nennen. Vor allem in seiner Berliner Zeit war er als unerschrockener Roter bekannt. Er war auch KP-Mitglied, zumindest Sympathisant, hat sich aber dann vom Kommunismus losgesagt, was ihm das Leben in der Emigration nicht erleichtert hat.

Man kann sagen, daß er zum literarischen Berufsleben, ja zum Berufsleben überhaupt, keine Beziehung hatte. Den Konsumterror hat er abgelehnt, bevor man noch wußte, daß es so etwas gibt.

Aufgetaucht ist der Name Jesse Thoor in den letzten Jahren gelegentlich bei einer Lesung antifaschistischer Literatur. Viele Gedichte zeugen von seinem Kampf gegen Hitler. Ich zitiere aus dem „Sonett vom guten Willen“:

Aus Nürnberg haben sie bei Sturm und Hagelschlag mich
ausgestoßen.
In Hamburg löschten sie mir niederträchtig beide Augen
aus.
Mit Lüge haben sie in München meine Seele übergossen.
Den letzten Rest Vernunft, den schlugen sie mir in Berlin
hinaus.

So habe ich das Sterben fürchterlich und tausendfach erlitten,
da ich – nicht Mensch noch Tier mehr – stöhnend aufgeschrien,
als sie, die Tollen mir das Herz in meiner Brust entzweigeschnitten.
War es an jenem Tage der Gewalt im März, war es in Wien?

Wir haben Zeugnisse über seine Wiener und seine Londoner Zeit. In London war Jesse Thoor, der offenbar schon immer utopische religiöse Ansichten hatte, zum Mystiker geworden. Manche hielten ihn schlicht für einen Narren. Marnau spielt den Mystizismus hoch, Hamburger herunter. Ich zitiere zuerst Marnau: „... Er, der zeitlebens das Englische nicht anders als nur mühsam gebrauchte, ließ auf der Straße mit erhobener Stimme und in deutscher Sprache seine Rede erschallen – und das, während vom Primrose Hill die Abwehrgeschütze donnerten. Nicht minder grollten seine Sätze ... Was erläuterte er damals? Bewegungen innerhalb der geheimnisvollsten Dreieinigkeit ... er folgerte aus seinen Einblicken Satz um Satz das unabwendbare Kommen der dritten Gottheit, ihren bevorstehenden Einbruch in den Menschen ..., so daß mich Grauen eher vor seinen Gesichten packte, als vor den berstenden Geschossen rings um uns. Denn indessen wir von den scheelen Blicken der Vorübereilenden abgewertet wurden, rief mir Jesse Thoor mitten im Kriege zu, daß eine wundersame Offenbarung bevorstehe: Die Bezeugung der körperlichen Himmelfahrt der Frau in der mutter-göttlichen Gestalt Maria."

Bei Hamburger liest sich das so: „Die bürgerlichen Konventionen und Werte lagen dem christlich-visionären Dichter der letzten Jahre noch viel ferner als dem roten Vagabunden der früheren ... Da er nun alles symbolisch deutete, war der englische Dichter Stephen Spender für ihn erledigt, nachdem er als Gast bei einem gemeinsamen Abendessen das Brot geistesabwesend zerkrümelt und sich damit als Bürger bloßgestellt hatte – der die geheiligte Materie verachtet und vergeudet ... Die erschütterndste Begegnung, an die ich mich erinnere, fand statt, nachdem Höfler zum Verlag Faber gegangen war, um T. S. Eliot eine goldene Blume zu schenken und ihn zu bitten, ihm ein Schiff zu kaufen, in dem er wie der fliegende Holländer das

Meer zu seinem Wohnort machen wollte. Bis zu Eliots Büro war er überhaupt nicht gelangt, sondern schon von der Sekretärin als Wahnsinniger abgewiesen worden. Er hatte Eliot, wie alle Menschen, an seinem eigenen Maß gemessen; von dem englischen Dichter hatte er wohl kaum etwas gelesen, wußte aber, daß er ein christlicher Dichter war. Die Enttäuschung hatte wenig mit der Vereitlung des Vorhabens zu tun: wieder war ein Symbol zerstört worden, ein Bild in den Schmutz gefallen. Das zerrüttete ihn tagelang."

Was für eine Erscheinung: Vagabund, Klassenkämpfer und christlicher Mystiker! Als Autor hat er aus dem Volkston und der Umgangssprache mit kämpferischem Engagement eine eigenständige Dichtung entwickelt. Er hat Lieder geschrieben, die danach verlangen, gesungen zu werden. Vielleicht könnten die Liedermacher, denen nichts einfällt, zu den Gedichten des Konsumverweigerers Jesse Thoor greifen.

Ich, der Dichter Jesse Thoor –
Dem Zünglein, Zeh und Ohr
und die Seele fror!
Wenn der März alle Bäche taut,
singe ich wieder laut . . .

Franz Kießling

Geboren 1918 in Znaim
Gestorben 1979 in Wien

Franz Kießling ist der jüngste der vergessenen Autoren, die ich in diesem Buch vorzustellen versuche. Als er im Februar 1979 im 61. Lebensjahr gestorben ist, war er nur wenigen Zeitungen ein paar Zeilen Nachruf wert. Dabei ist kaum ein anderer Lyriker in den Nachkriegsjahren so emphatisch begrüßt worden wie Kießling. Als ein Meister formaler Vollendung, aber auch zu Herzen gehender lyrischer Töne.

Er war ein bescheidener Mann, der wie ein kleiner Beamter ausgesehen hat, der er später auch geworden ist. In formalen Dingen aber war er sehr selbstbewußt. Einige Jahre war er auch als sehr polemischer christlicher Redakteur tätig. Dafür aber gab es bald keinen Platz mehr.

Er war ein Klassiker zu Lebzeiten, ja ein Klassiker als junger Mann. Dafür zeugen auch seine diversen Literaturpreise. Bereits 1950 wurde er mit dem staatlichen Förderungspreis für Literatur ausgezeichnet, als in den Jurys noch die ultrakonservativen Herren saßen, die kein formales Experiment durchgehen ließen.

Dabei war er ein durchaus engagierter Dichter. „Seht wie ihr lebt" lautet der bezeichnende Titel seines wahrscheinlich schönsten Gedichtbandes, der 1955 erschienen ist. Er beginnt mit einem „Steckbrief":

Ich schreibe Verse
und ich geb mir Mühe,
sie so zu schreiben,
daß sie jedermann versteht,
der guten Willens ist.

Zustimmung tut mir wohl.
Ablehnung kann ich ertragen,
Aber Gleichgültigkeit
ist mir nicht gleichgültig.

Mir liegt in jeder Zeile an Wahrhaftigkeit.
Ich hoffe, das erklärt die Widersprüche.
Denn immer bin ich nicht der Gleiche.
Wenn ich es bliebe,
müßte ich verzweifeln.

Die Kunst braucht Zeit;
mir ist nicht viel gegeben.
Die Ungeduld diktiert mir die Hand,
was ich euch bitte, mit Geduld zu lesen.

Ich hoffe, daß ihr mir verzeiht,
wenn ich von kommenden Gewittern spreche.
Ich habe Frau und Kind und möchte leben
und wäre gern Prophet, der unrecht hat.

Ich liebe Bäume, Gras und eine Sonne,
die Tränen trocknet
und für alle scheint.

Gleich das nächste Gedicht heißt „Ein Stück Brot“:

Ein Stück Brot
will mein Gedicht sein,
keine festliche Mahlzeit.
. . .

Dabei hat er sehr wohl festliche literarische Mahlzeiten aufgetischt. Und aus der Distanz muß ich sagen, daß sie eigentlich doch sein Bestes waren. Er hat zwar immer versucht, das Brot der Kunst anzubieten, aber diese einfachen, spruchhaften Strophen gehören nicht ihm, sie sind nicht frei von Anklängen, auch nicht frei von Banalität. Das konnten andere auch. Er war schon ein Lyriker, der die Herausforderung durch die Form gebraucht hat, das Spiel mit den Wörtern, Rhytmen. Ich möchte das mit einem besonders kunstvollen Gedicht beweisen:

Für eines Blitzes Dauer
wird jedermann erleuchtet,
durchzuckt von einem Schauer,
der ihm das Auge feuchtet.

Er staunt und schaut die Schätze,
die nicht zur Schau gestellt sind
im Lärm der Tummelplätze
und doch der Schatz der Welt sind.

Er wird der Wahrheit inne
und freut sich des Besitzes
und hat das Heil im Sinne
im Augenblick des Blitzes.

So schaute einmal Dante
das göttliche Vermächtnis.
Er fing den Blitz. Er brannte
und ließ uns sein Gedächtnis.

Für eine Blitzsekunde
wird jedermann Prophet.
Dann wieder Bettlerfunde
im Alphabet.

Und gleich daneben die ergreifende Volksliedschlichtheit:

Wir haben jetzt ein Kind.
In einer Zeit, da manche sagen,
daß wir auf Erden schon zu viele sind,
hat meine Frau es ausgetragen.

Er war ein Formkünstler mit dem Bedürfnis nach dem Engagement, mit der Sehnsucht nach der einfachen Botschaft, aber der Begabung für die verschlüsselte lyrische Form. Mich mutet er in diesem Zwiespalt sehr modern an.

Schondorff hat eines seiner formvollendeten Gedichte in seine österreichische Lyrikanthologie aufgenommen. Leider war ihm Kießling nur ein Gedicht wert. Ein Lyriker, dem einige Strophen gelungen sind, die zum unverlierbaren Besitz gehören, wie das herrliche Liebesgedicht „Wenn du gehst“:

Wenn du gehst,
wird das Glück der Welt nicht kleiner,
und mein Kummer zählt wie keiner,
wenn du gehst . . .

Wenn du gehst,
wird den Blumen nichts geschehen.
Doch wie kann ich Blumen sehen,
wenn du gehst?. . .

Wenn gu gehst,
wirst du mir im Traum noch lachen.
Doch ich dürfte nicht erwachen,
wenn du gehst . . .

Wenn du gehst,
wird ein Stein am andern bleiben.
Doch mein Haus wird mich vertreiben,
wenn du gehst . . .

Wenn du gehst,
geht mein Herz mit deinen Schritten.
Sag, was kann ich Gott noch bitten,
wenn du gehst?. . .

Bildnachweis

Bildarchiv der Österreichischen Nationalbibliothek: 19, 55, 67, 71, 75, 79, 83, 87, 91, 95, 99, 103, 115, 119, 123, 131, 143, 151, 183. – Der Brenner: 175. – Familie Felmayr: 195. – Carl Hanser Verlag: 179. – Kösel-Verlag: 127. – Kubin-Archiv: 159. – R. Löwit-Verlag: 135. – Otto Müller Verlag: 111, 167. – Nagl, Zeidler, Castle: 35, 39, 51, 59, 163. – Österreichische Gesellschaft für Literatur: 212. – Österreichischer Bundesverlag: 63. – Photo Kintschel: 139. – Photo Simonis: 203. – Pressedienst der NÖ. Landesregierung: 191. – Städtisches Museum Baden bei Wien: 31. – Suhrkamp Verlag: 207. – Universal-Edition: 171. – Verein für Geschichte der Arbeiterbewegung: 107. – Verlag Langwiesche-Brandt: 199. – Ver Sacrum: 155. – Wiener Stadtbibliothek: 47.